町田忍の手描き看板百景

美あり珍あり昭和あり

東海教育研究所

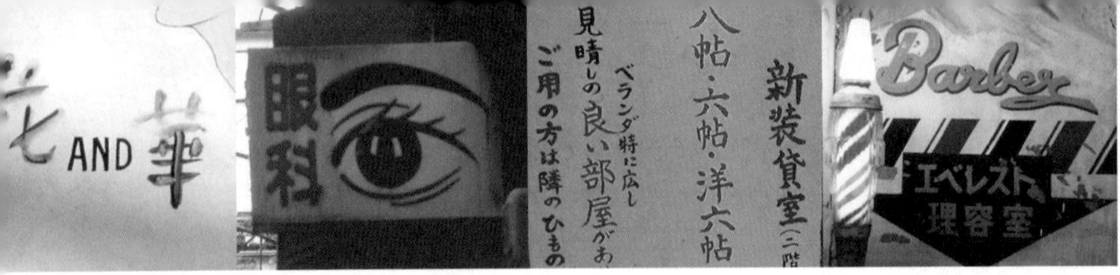

はじめに

この本には、僕が撮りためてきた手描きの看板や貼り紙の写真が四百枚以上収録されています。でも、これらはまだまだコレクションの一部です。なぜ看板に、こんなに興味を持ったのか？　きっかけは、学生時代にヒッピーでヨーロッパを放浪したときのこと。手描きの看板や交通標示が、すごくアートだと感じたんですね。とはいえ、地元の人にとっては見慣れた光景のはずで、このとき、新しい視点でものごとを見る面白さに気づいたんです。帰国後、逆に日本の風景が新鮮に見えたのは、〝外国人の目〟という新しい視点で日本を見ていたからだと思います。

自分とは違う人になって街を見る――その面白さに気づいたきっかけが、もう一つ。それは大学卒業後の警察官時代に聞いた「ドロボーの目線になると、街は違って見えてくる」という教えです。実際、もし自分がドロボーだったらという視点を持って警邏（パトロール）にあたると、防犯上の

死角はもちろん、街がすみずみまで見えてくるんですよ。

　そんなこんなで、普段はカメレオンさながらに、日常に溶け込んで姿が見えなくなっている面白いものを発見する楽しさに目覚め、気がつけば看板をはじめ、百五十以上のジャンルを写真に収めるようになっていました。どれも昭和という時代の空気を残したものばかりで（ものによっては、それ以前のものもあります）、「いつかはなくなってしまう」という思いが、膨大なコレクションにつながったのかもしれません。

　僕にとって、街はジャングル、面白いと思う対象を見つけるのはハンティングのようなもの。この本にある看板の数々は、僕のハンティングの成果です。手描き看板には書き手の個性や地域性など、面白い要素がたくさん詰まっているから、つい目が離せなくなるんです。読み終えたら、あなたも街へ看板ハンティングに出かけてみませんか？

町田忍

富印燐安加里
松野整理
平安企業組合
山音株式会社
むら上治療室
玉子丼
肉丼
親子丼
美人半額
ブス無料

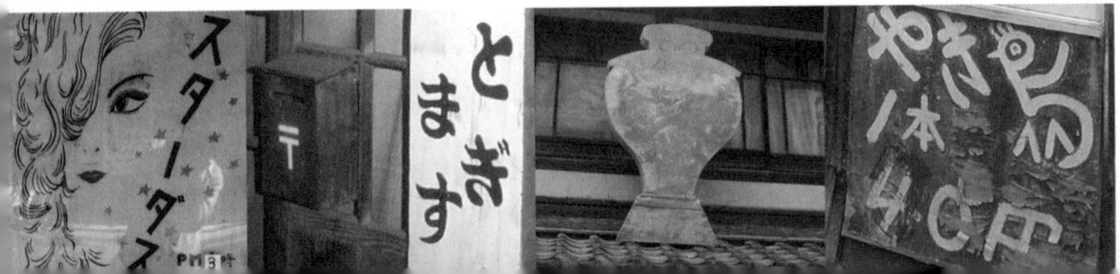
とぎます

村家特製の
国内産餅米
低カロリー
スーパーテックス
かねもと洋服店

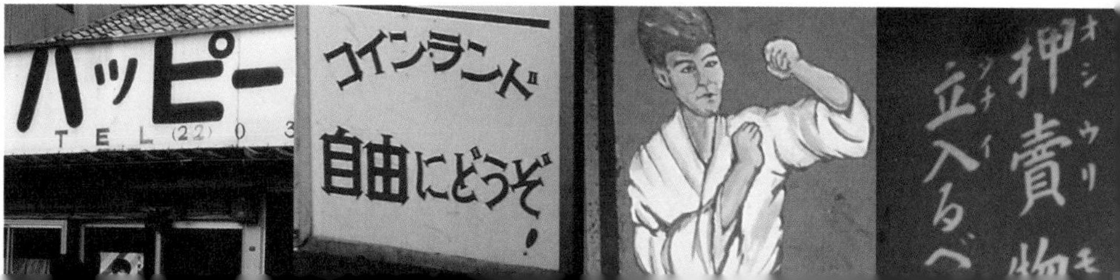
ハッピー
自由にどうぞ！

編集・構成／吉田　文
装丁・デザイン／鹿嶋貴彦

その1

するめフレーズ看板

噛めば噛むほど味が出る

噛めば噛むほど味が出る

その1　するめフレーズ看板

何度読んでも味わい深いコピーばかりを集めたのが、「するめフレーズ看板」です。

どうやったら店の特徴が伝えられるのか――そんな店主の試行錯誤が見事に実を結んだコピーもあれば、あるがままをストレートに書いているだけなのにグッとくるものもある。思わず笑ってしまったり、ツッコミを入れたくなるフレーズも多いので、声を出しても怪しまれない環境で読んでください。

採取地：東京都新宿区高田馬場界隈

採取地：大阪市平野区

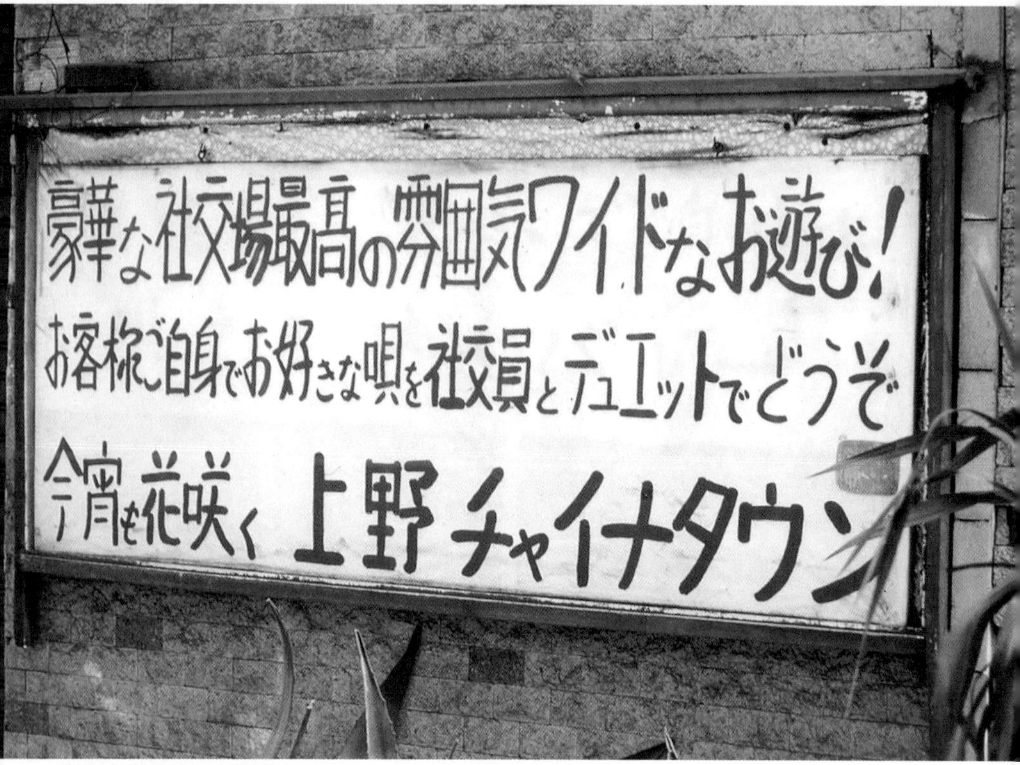
豪華な社交場最高の雰囲気ワイドなお遊び!
お客様ご自身でお好きな唄を社交員とデュエットでどうぞ
今宵を花咲く 上野チャイナタウン

採取地：東京都台東区上野界隈

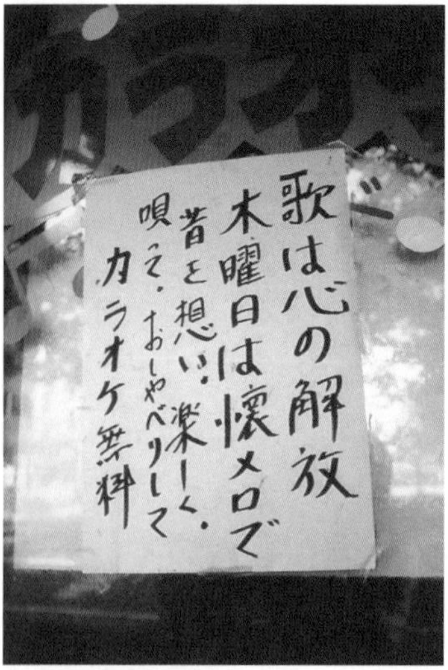
歌は心の解放
木曜日は懐メロで
昔を想い!楽しく・
唄って・おしゃべりして
カラオケ無料

採取地：山口県下関市

カラオケ
スタンド
♪じじ♪
ばば

採取地：不明

チェーンではないカラオケ店には、看板の文面に工夫を凝らす店が多い。アピールするポイントはさまざまだが、「昔懐かしい」がキーワードのところが多いようだ。

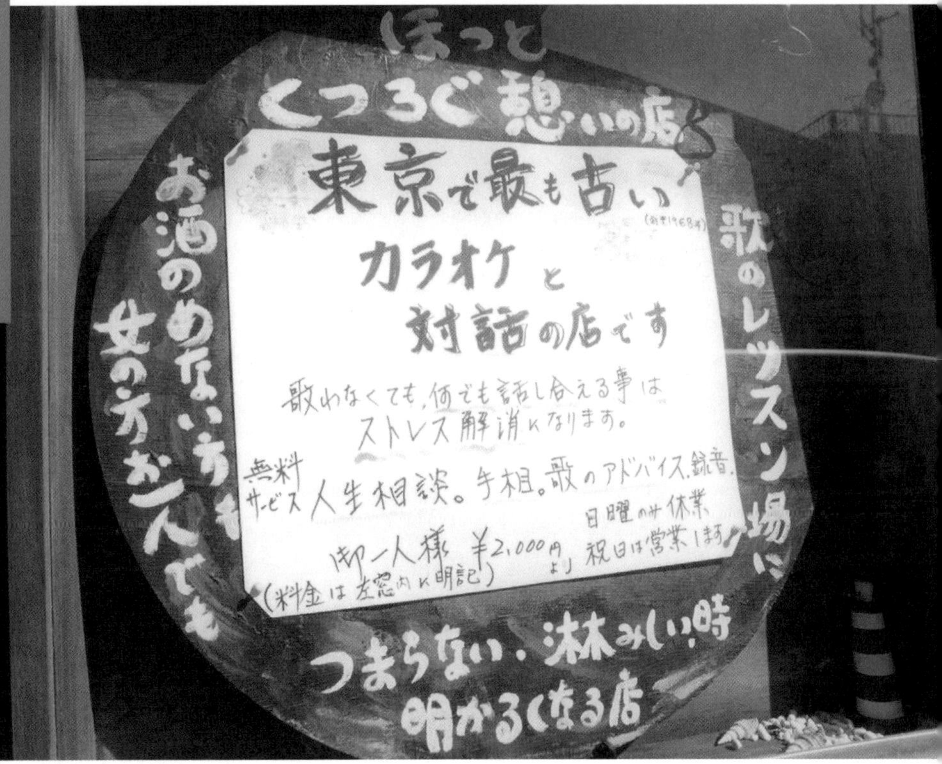
ほっと
くつろぐ憩いの店
東京で最も古い
カラオケと
対話の店です
歌わなくても、何でも話し合える事は
ストレス解消になります。
無料サービス 人生相談。手相。歌のアドバイス、録音。
御一人様 ¥2,000円より
(料金は左窓内に明記)
日曜のみ休業
祝日は営業します
お酒のめない方も
女の方お一人でも
歌のレッスン場に
つまらない、淋しい時
明かるくなる店

採取地：東京都

最古の
明朗スナック
心なごむ
人生のオアシス
何でも話せる気さくな
古いスナック＆ミニギャラリー
アジクラ(味倉)
TEL 3325.5566
カラオケ
ナツメロ

採取地：不明

カラオケ
上手な人も
普通の人

採取地：東京都新宿区高田馬場界隈

採取地：大阪市

採取地：兵庫県明石市

採取地：東京都台東区上野駅横

採取地：東京都千代田区神田駅前

採取地：不明

採取地：東京都板橋区

採取地：富山市富山駅前

採取地：不明

採取地：不明

採取地：不明

その1　するめフレーズ看板

「関西Ａ級タレント出演」「裸のオアシス」など、目を引く言葉ばかりだが、やはり「大人の貝酔欲情」が極めつけ。「かいすいよくじょう」というふりがなが親切。

採取地：静岡県伊豆市

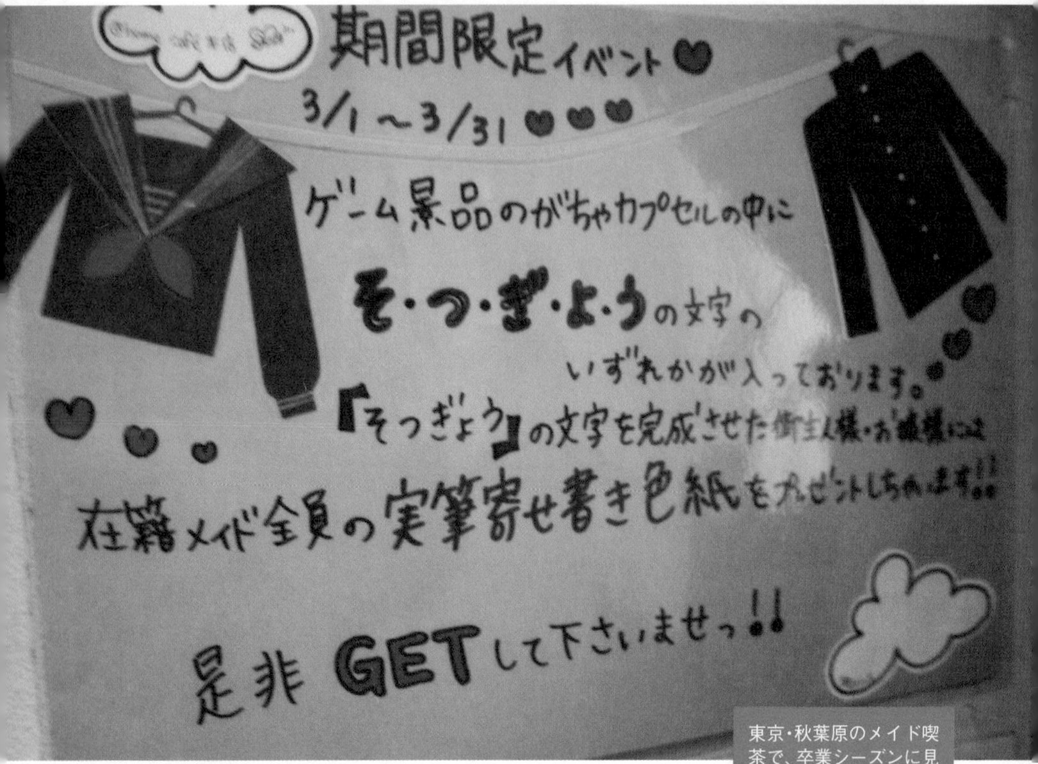
期間限定イベント
3/1～3/31
ゲーム景品のがちゃカプセルの中に
そ・つ・ぎ・よ・うの文字の
いずれかが入っております。
『そつぎょう』の文字を完成させた御主人様・お嬢様には
在籍メイド全員の実筆寄せ書き色紙をプレゼントしちゃいます!!
是非GETして下さいませっ!!

採取地：東京都千代田区

東京・秋葉原のメイド喫茶で、卒業シーズンに見つけた貼り紙。「在籍メイド全員の実筆寄せ書き色紙をプレゼント」とあるのは、直筆の色紙ということ？

ターゲットライン
弾貸機
¥100→5発
セクシャルボンボンゲーム

採取地：不明

お笑いお化け

採取地：東京都目黒区（碑文谷八幡宮）

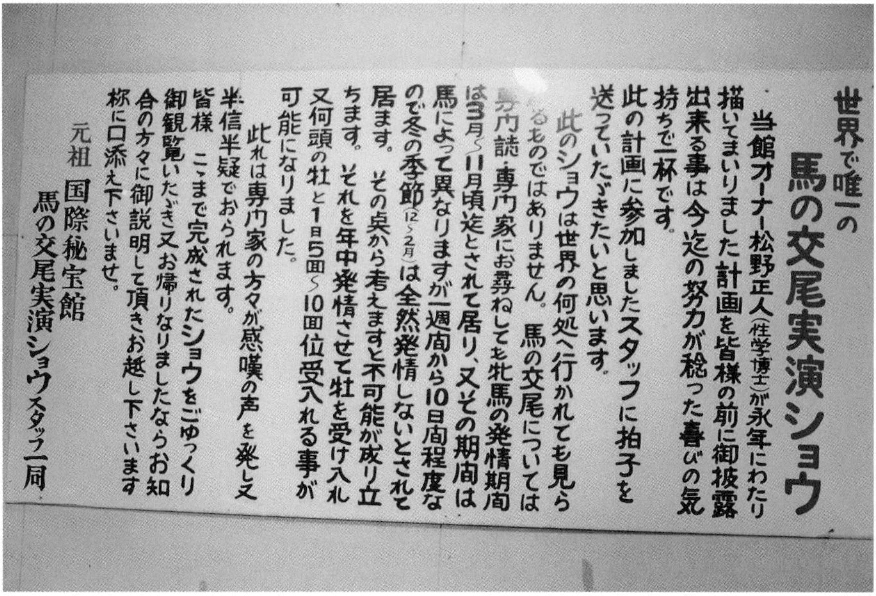
世界で唯一の
馬の交尾実演ショウ
当館オーナー松野正人(性学博士)が永年にわたり
描いてまいりました計画を皆様の前に御披露
出来る事は今迄の努力が稔った喜びの気
持ちで一杯です。
此の計画に参加しましたスタッフに拍子を
送っていたゞきたいと思います。
此のショウは世界の何処へ行かれても見ら
れるものではありません。馬の交尾については
専門誌・専門家にお尋ねしても牝馬の発情期間
は3月～11月頃迄とされて居り、又その期間は
馬によって異なりますが一週間から10日間程度な
ので冬の季節(12～2月)は全然発情しないとされて
居ます。
その点から考えますと不可能が成り立
ちます。それを年中発情させて牡を受け入れ
又何頭の牡と1日5回～10回位受入れる事が
可能になりました。
此れは専門家の方々が感嘆の声を発し又
半信半疑でおられます。
皆様 ここまで完成されたショウをごゆっくり
御観覧いたゞき又お帰りなりましたならお知
合の方々に御説明して頂きお越し下さいます
様に口添え下さいませ。
元祖 国際秘宝館
馬の交尾実演ショウスタッフ一同

採取地：三重県伊勢市

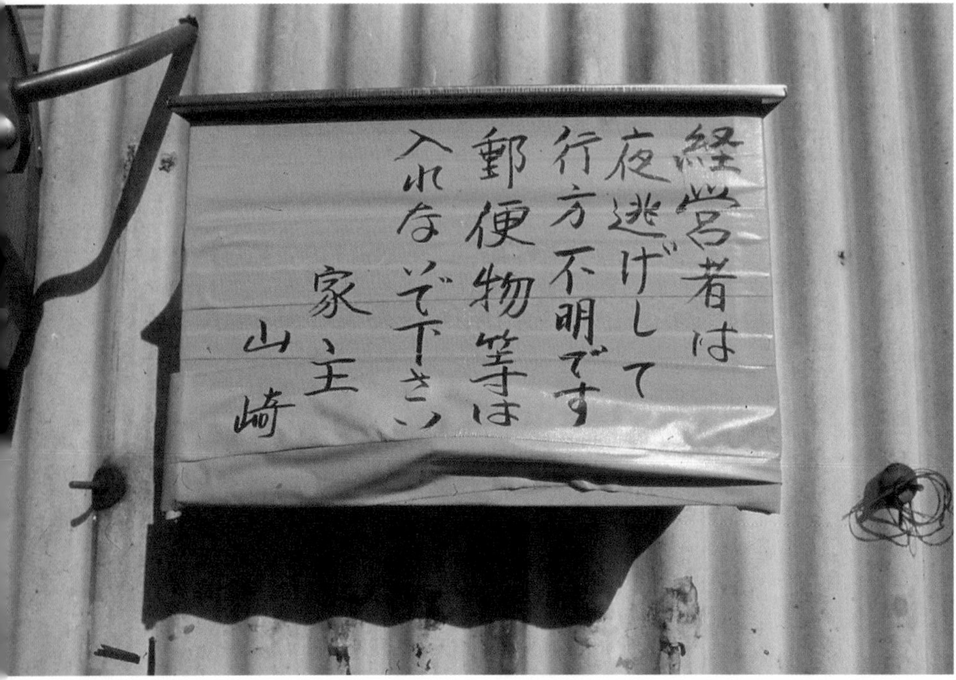

採取地：東京都目黒区

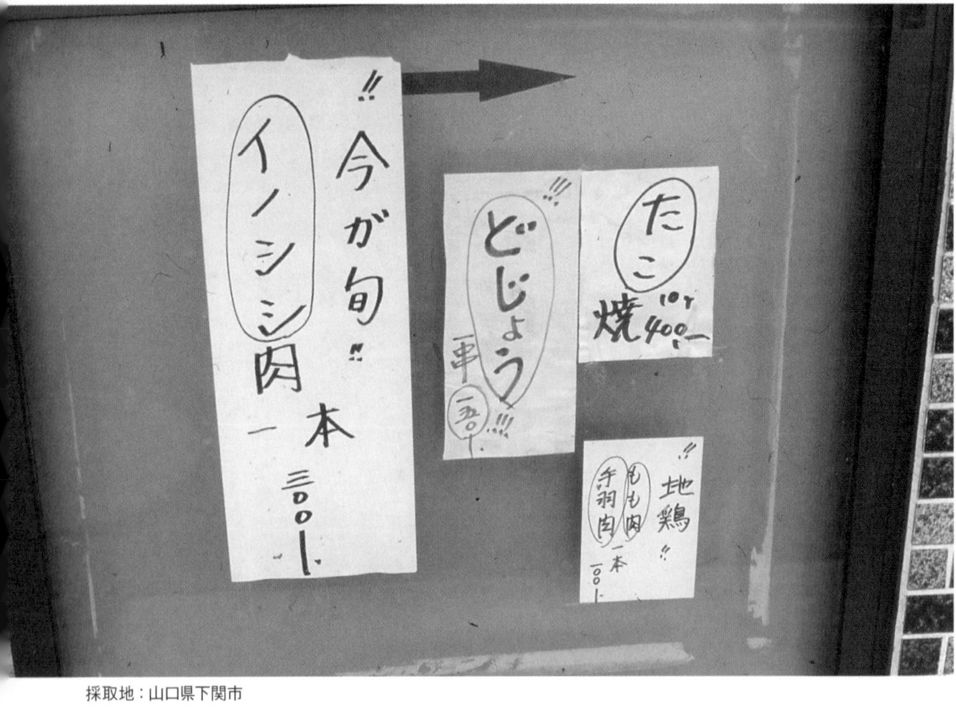

採取地：山口県下関市

採取地：東京都足立区

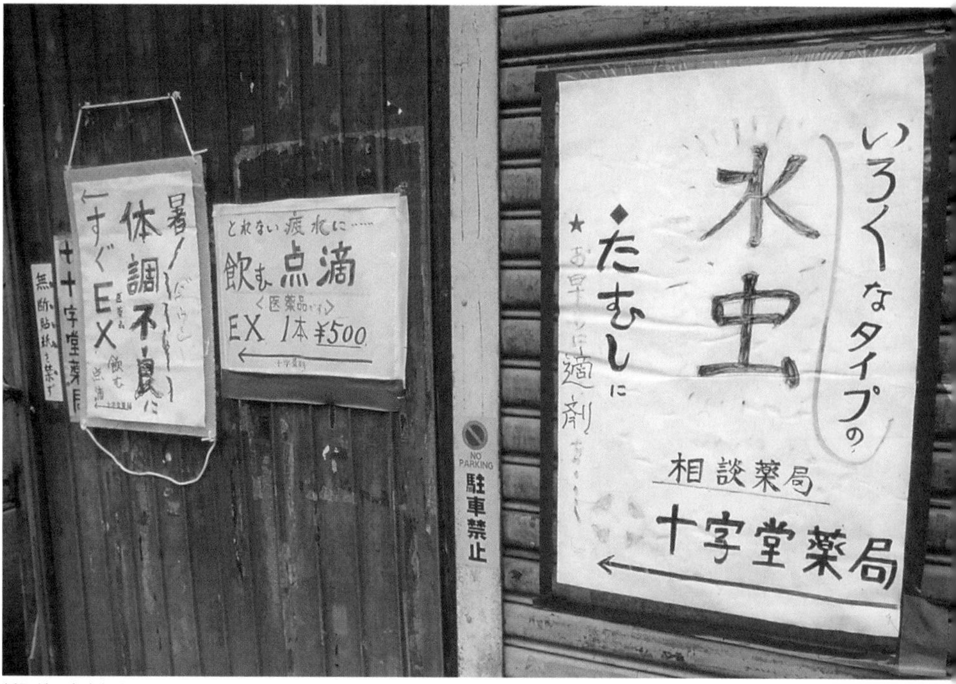

採取地：東京都大田区

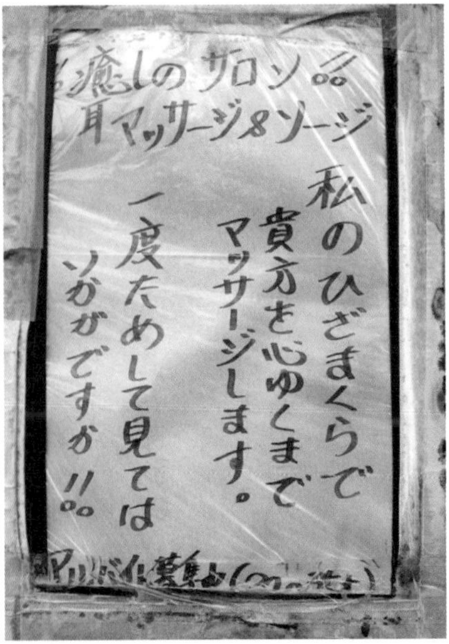
癒しのサロン!!
耳マッサージ&ソージ
私のひざまくらで
貴方を心ゆくまで
マッサージします。
一度ためして見ては
いかがですか!!
アルバイト募集
採取地：不明

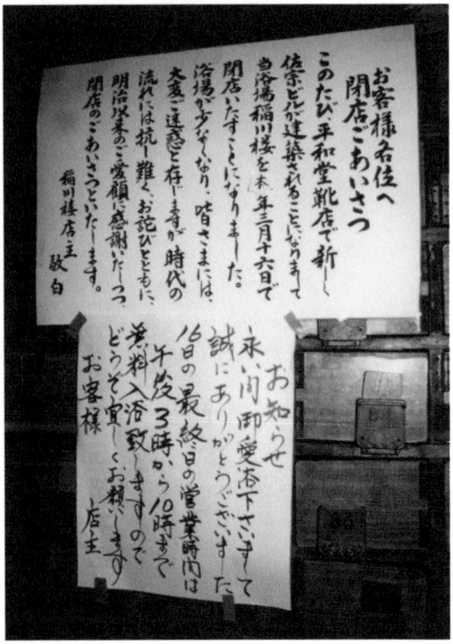
お客様各位へ
閉店ごあいさつ
このたび、平和堂靴店で新しく
綜合ビルが建築されることになりまして
当浴場稲川楼を本年三月十六日で
閉店いたすことになりました。
浴場が少なくなり、皆さまには、
大変ご迷惑と存じますが時代の
流れには抗し難く、お詫びとともに、
明治以来のご愛顧に感謝いたしつつ、
閉店のごあいさつといたします。
稲川楼店主
敬白
お知らせ
永い間御愛浴下さいまして
誠にありがとうございました
16日の最終日の営業時間は
午後3時から10時まで
無料入浴致しますので
どうぞ宜しくお願いします
お客様
店主
採取地：不明

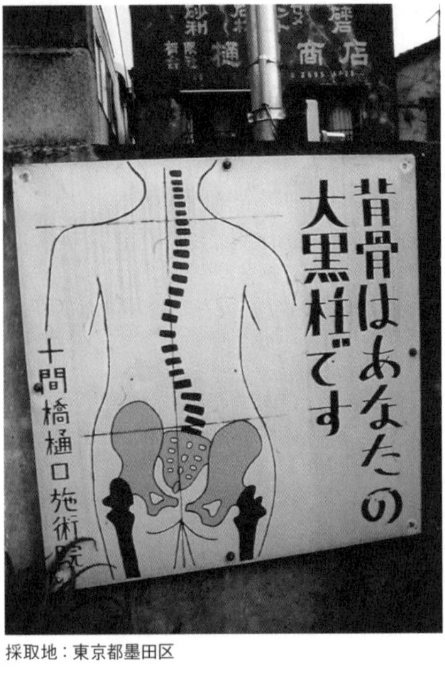
背骨はあなたの
大黒柱です
十間橋樋口施術院
採取地：東京都墨田区

大人は子供達に
良いお手本を
十三東二
あなたも私も笑顔で
皆の力で十三を安
良識の名所に育
採取地：不明

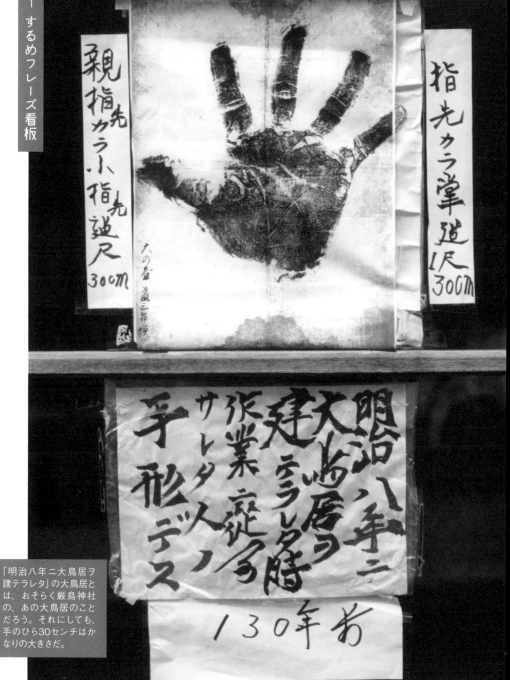

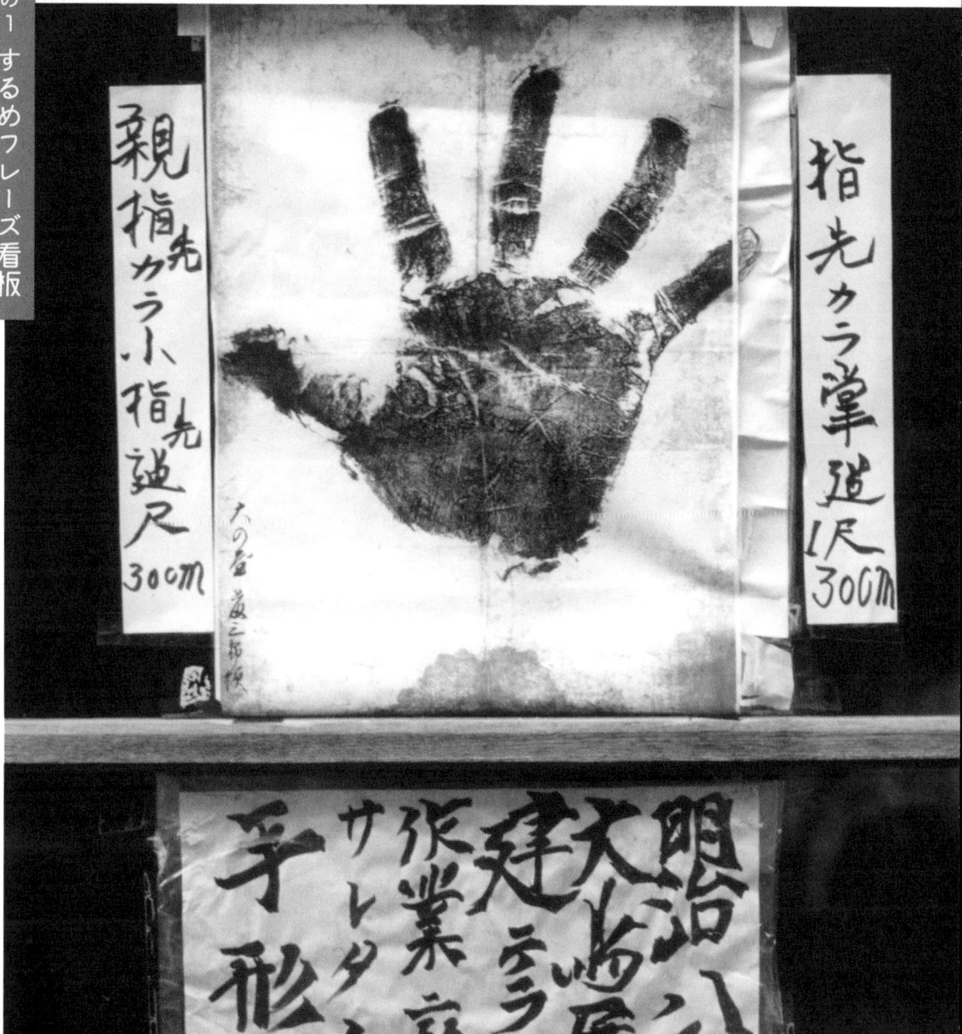

「明治八年ニ大鳥居ヲ建テラレタ」の大鳥居とは、おそらく厳島神社の、あの大鳥居のことだろう。それにしても、手のひら30センチはかなりの大きさだ。

採取地：広島県廿日市市宮島界隈

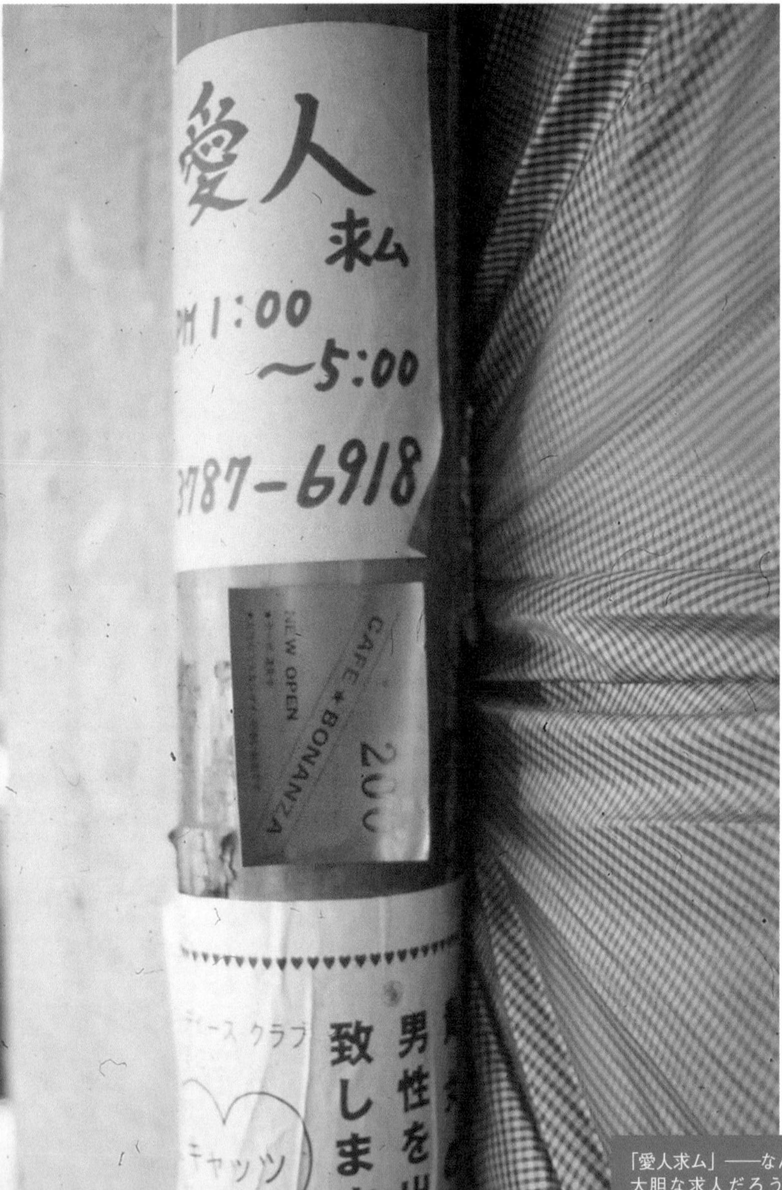

「愛人求ム」——なんと大胆な求人だろうか。しかも、目立つように黄色い紙に書いているあたりが不敵。どんな仕事が待っているのかが気になるところ。

採取地：東京都渋谷区

国内産餅米100% 杵つき餅
低カロリーの あわ餅
昔ながらの
お供餅
のし餅
本物のお餅を
食べてみませんか?
(配達も致します)
餅は餅屋で
Tel 3961-2035

採取地：東京都板橋区

なつかしい指輪
(美人用)
ふとい指にも入ります
ひとつ 50えん

採取地：不明

看板娘
募集中
664
-3636

採取地：不明

採取地：不明

採取地：東京都足立区北千住界隈

採取地：東京都墨田区向島界隈

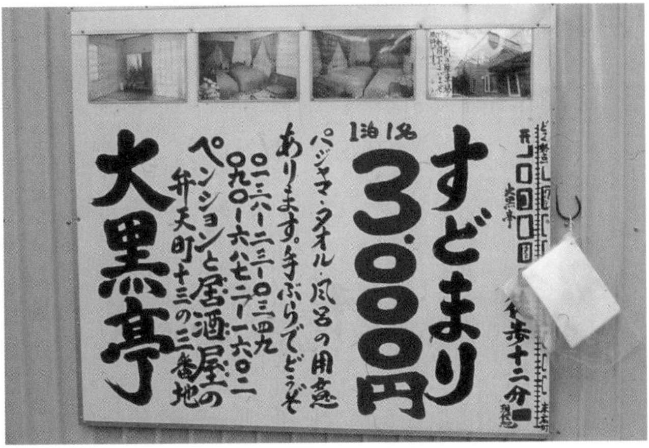

採取地：北海道函館市

【上】クリーニングの店らしいが、ユニークである必要はあるのか？
【中】マッサージの「ッ」が大きい。
【下】「手ぶらでどうぞ」がうれしいペンション（と居酒屋）。

採取地：東京都台東区吉原界隈

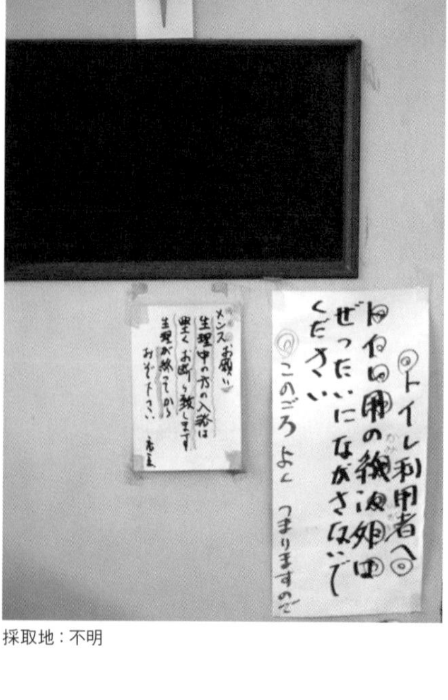

採取地：不明

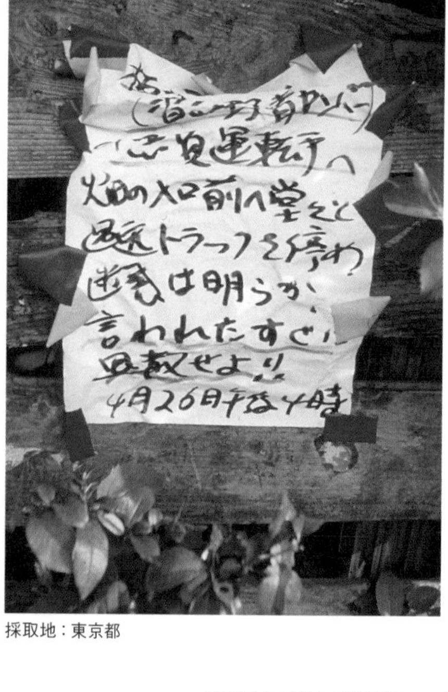

採取地：東京都

わたし
イヌに食べものを
ぜったいあげないで!!
夜、オナカが痛くなって
お医者にいっています。
お菓子、チリ紙、草、
ヤキトリの串を食べさせるのはやめて下さい。
「アメ、チョコ、ガムもです。」
おねがいします。

採取地：不明

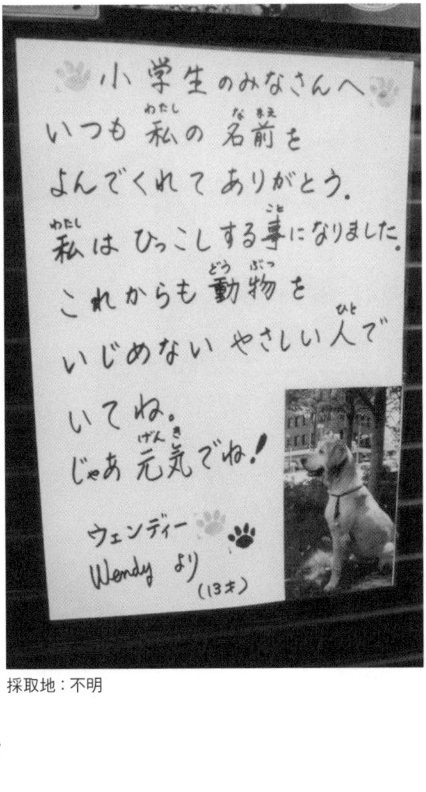
小学生のみなさんへ
いつも私《わたし》の名前《なまえ》を
よんでくれてありがとう。
私《わたし》はひっこしする事《こと》になりました。
これからも動物《どうぶつ》を
いじめないやさしい人《ひと》で
いてね。
じゃあ元気《げんき》でね!
ウェンディー
Wendy より
(13才)

採取地：不明

お願い!
アレルギーのため
犬にエサを与えないで
下さい

採取地：不明

トタン板は波打っているため、看板として何か書くにはおよそ不向き。なのに、「元教師」と「塾」の文字はうまく書かれている。でも、何を教えてくれる元教師なのか。

採取地：九州
（おそらく福岡県か佐賀県）

採取地：三重県伊賀市

採取地：東京都中央区築地界隈

採取地：不明

採取地：不明

採取地：不明

採取地：不明

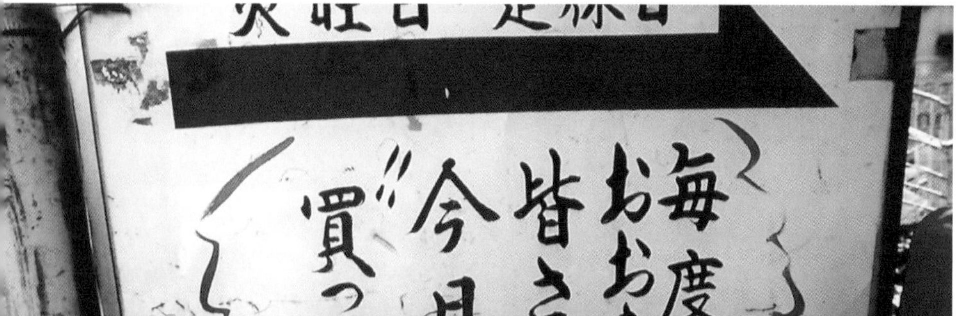

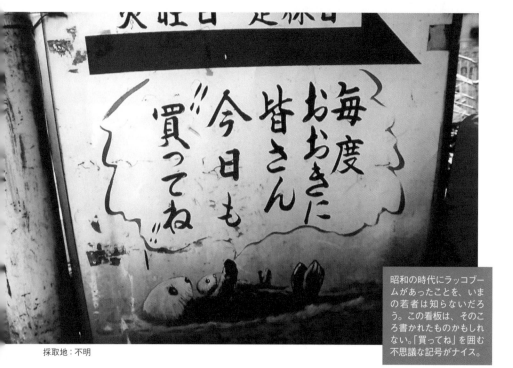

採取地：不明

昭和の時代にラッコブームがあったことを、いまの若者は知らないだろう。この看板は、そのころ書かれたものかもしれない。「買ってね」を囲む不思議な記号がナイス。

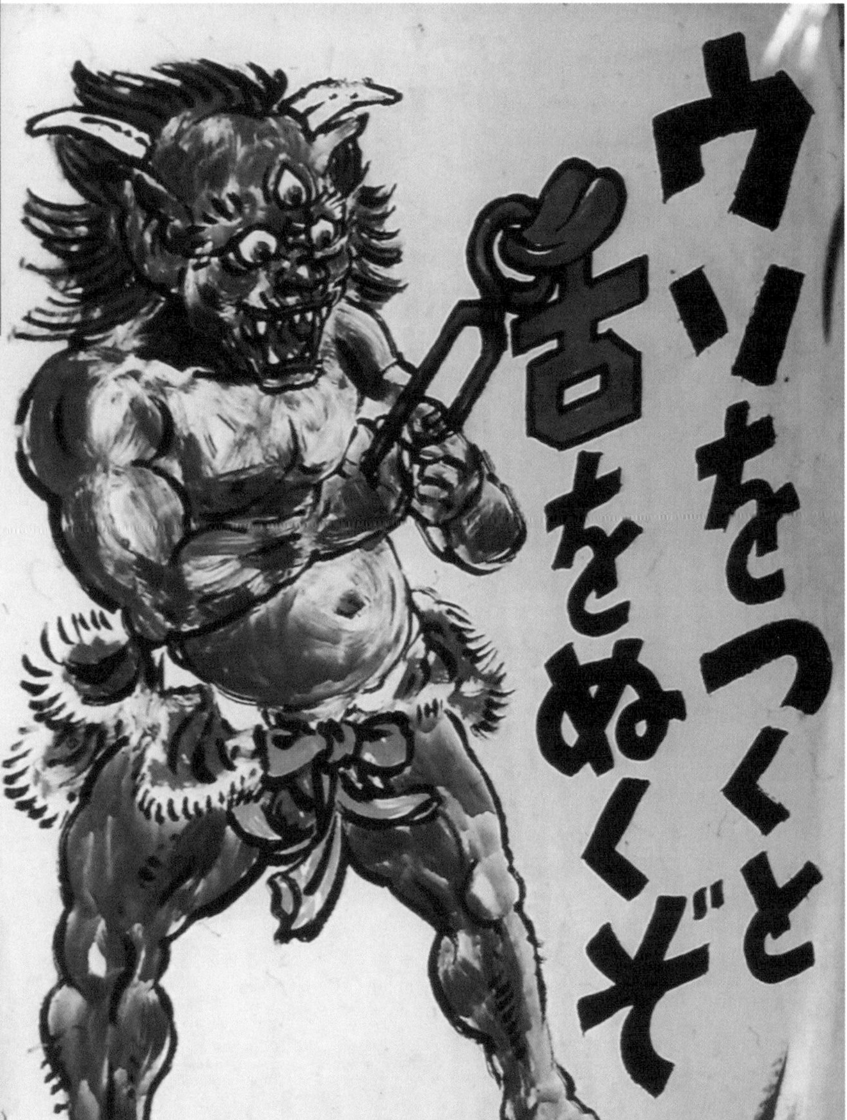
ウソをつくと
舌をぬくぞ
いつでも自由におまいりできます

採取地：大阪市平野区

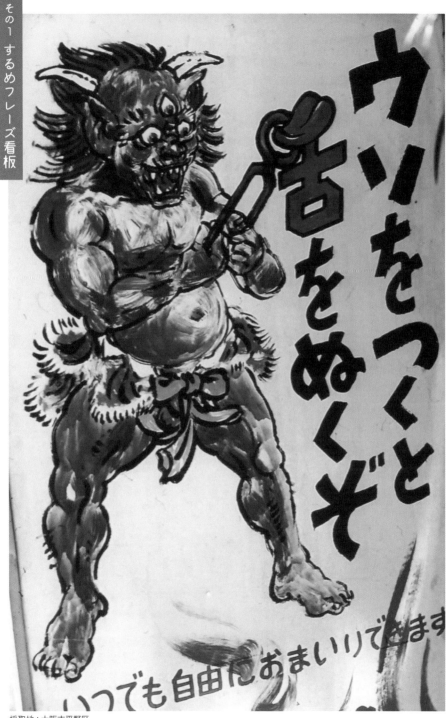

採取地：岩手県盛岡市

採取地：東京都青梅市

近所の皆様へ
煙突から排煙が出ます
時にはすすっこ出る時もあります
ご理解とご承知おき下さい
さいわい湯

採取地：埼玉県川口市（さいわい湯）

まぐろ専門店の"まるあ"が
日本テレビ「みのもんた」の!!
"世渡ジョーズ"!で
驚異の激安マグロとして紹介されました―
販売日 火曜・金曜
TEL 3870-0205

採取地：東京都足立区北千住界隈

採取地：東京都目黒区

採取地：高知県土佐市

【右】「日曜をも営業します」の「をも」に、店主の気概が感じられる。
【左】落ちていた入れ歯が町内の掲示板に貼られているとは、親切な人に拾われたものだ。

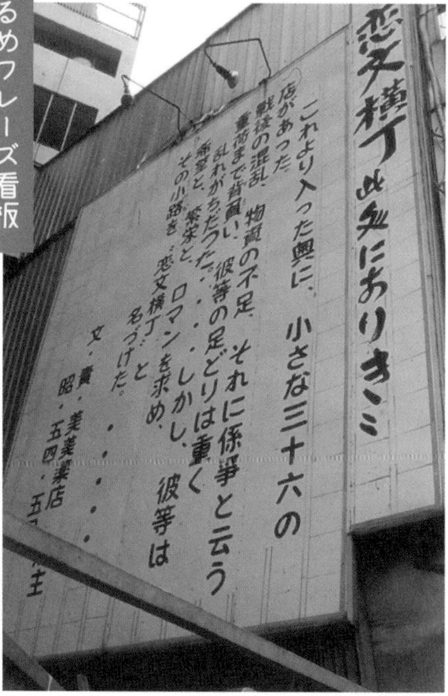
恋文横丁此処にありき
これより入った奥に、小さな三十六の
店があった。
戦後の混乱、物資の不足、それに係争と云う
事情まで背負い、彼等の足どりは重く
乱れがちだった。・・・しかし、彼等は
希望と、繁栄と、ロマンを求め、
その小路を"恋文横丁"と
名づけた。
文・責
昭・五四・五
美美楽店

採取地：東京都渋谷区（恋文横町）

船員のみなさんへ
当店は船主会推薦の店
御利用下さい
米徳食堂
近畿船主会事務局

採取地：不明

採取地：静岡県熱海市

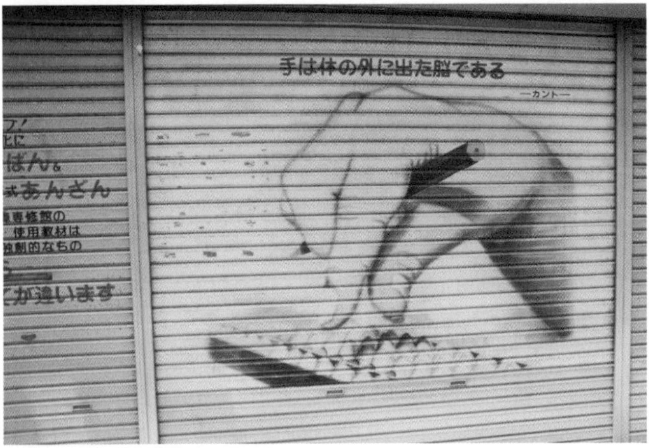

採取地：不明

採取地：東京都台東区浅草界隈

【上】貸室の大家さんは干物屋さんらしい。
【中】手は体の外に出た脳である——カント、いいこと言う。
【下】１把の「把」が「ワ」なところが、かわいい。

採取地：不明

その2 味わい文字看板

達筆？ ヘタウマ？

採取地：東京都中央区人形町界隈

その2

味わい文字看板

達筆？ ヘタウマ？

昔は街の看板屋さんが、地域の看板を一枚一枚手で書くのが当たり前の時代があったんですよね。きちんとしたレタリングの字、習字のような美しい筆文字、我が道を行くユニークな文字など、書き手によってできあがる看板はさまざまでした。

　僕の感覚では、そういう手描き看板が作られていたのは、だいたい昭和四十年代くらいまでだった気がします。寂しいことです。

この見開きには、毛筆のお手本のような字の看板をチョイス。右ページの「うぶけや」（右から読む）は、東京・日本橋にある包丁やはさみ、毛抜きの老舗。

採取地：石川県金沢市

採取地：東京都足立区北千住界隈

採取地：東京都江東区

採取地：大阪市

採取地：東京都台東区浅草界隈

採取地：東京都新宿区

採取地：東京都豊島区駒込界隈

採取地：東京都

採取地：東京都品川区

採取地：神奈川県横浜市鶴見区

採取地：不明

採取地：不明

採取地：不明

採取地：不明

採取地：京都市中京区

赤が効いた看板は、目に留まりやすい。文字に味があれば、なおさらだろう。この見開きの看板は、そこはクリアしているが、ツッコミどころもけっこうある。

採取地：東京都台東区浅草界隈

採取地：不明

採取地：神奈川県横須賀市

採取地：不明

【上】「マッサージ」の字の横ではシロクマのぬいぐるみが「ウェルカム！」と手を上げている。しかし、壁一面の文言の押しの強さは、客を怖気づかせそうだ。

採取地：不明

採取地：大阪府堺市

採取地：東京都足立区

採取地：千葉県浦安市

採取地：不明

まぐろ
力一
採取地：東京都中央区(築地市場内)

高級ちらし
高級懐石弁当
なると寿し
(713) 0444
採取地：東京都

江ノ電　もなか
採取地：神奈川県藤沢市江の島界隈

中段の「なると寿し」に注目。まず、頭の中ですべてひらがなに変換。次に、看板の文字の並びに合わせて逆から読んでください。寿司屋にあるまじきメッセージを発しています。

採取地：東京都中央区銀座界隈

採取地：大阪市東住吉区

採取地：東京都品川区

採取地：京都市

採取地：福岡県飯塚市

採取地：島根県出雲市

採取地：不明

採取地：東京都台東区

採取地：愛知県岡崎市

採取地：京都市

錆すらもアート!?

その3

美的風化看板

採取地：愛知県名古屋市

その3 美的風化看板

錆すらもアート!?

塗装が剝げて錆だらけになり、文字も判別できるかどうかというほどに風化が進んだ看板は、僕にとってはもう完全にアートです。いうなれば、看板職人と時間とが作り出したオブジェとでもいうんでしょうか。

取り外し、美術館に飾っても、現代アートとして十分成立するんじゃないかというくらいにカッコイイ。そんな写真の数々を集めたのが、「美的風化看板」です。

このページの風化看板は、まだ文字が機能している。錆の具合が、「静岡銘茶直売所」や「論語古典講義」といった文言にハクをつけている気がしないでもない？

採取地：奈良市（通称「ならまち」界隈）

採取地：東京都文京区根津界隈

採取地：東京都渋谷区

採取地：不明

採取地：東京都品川区

錆が文字に勝って、美的オブジェと化しつつある看板たち。左ページの「双子館」は120ページ上段に出てくる店を側面から撮影した図。けっこうギャップがある。

採取地：東京都足立区北千住界隈

採取地：不明

採取地：不明

採取地：奈良県大和郡山市

採取地：大阪市

採取地：群馬県渋川市伊香保界隈

採取地：京都市

採取地：奈良市（通称「ならまち」界隈）

風化には錆だけではなく、退色の問題もある。特に赤い部分は、色が飛びやすいようだ。塗装の剝げ落ちによるところも大きい。

採取地：不明

採取地：不明

採取地：秋田県仙北市角館界隈

採取地：栃木市

採取地：山梨県塩山市

採取地：山梨県富士吉田市月江寺界隈

採取地：大阪市

採取地：東京都足立区北千住界隈

立小便及び
ごみを捨てる
事を禁ず
清掃法をご存知ですか
みだりにごみを捨てると
清掃法第二十四
三万円以下の罰金又は
拘留若しくは科料
処せられます

採取地：京都市

週3回のごみ出し
火
木
土
収集日以外はゴミを出さない事
他所からゴミを持ち込まない事
新山下一丁目自治会
環境事業推進委員

採取地：神奈川県横浜市

木の板に直接書かれた看板や注意書きは、また独特な風化具合を見せるもの。左ページ上はもともと地図だが、抽象表現主義の絵画を髣髴させるようなかっこよさ。

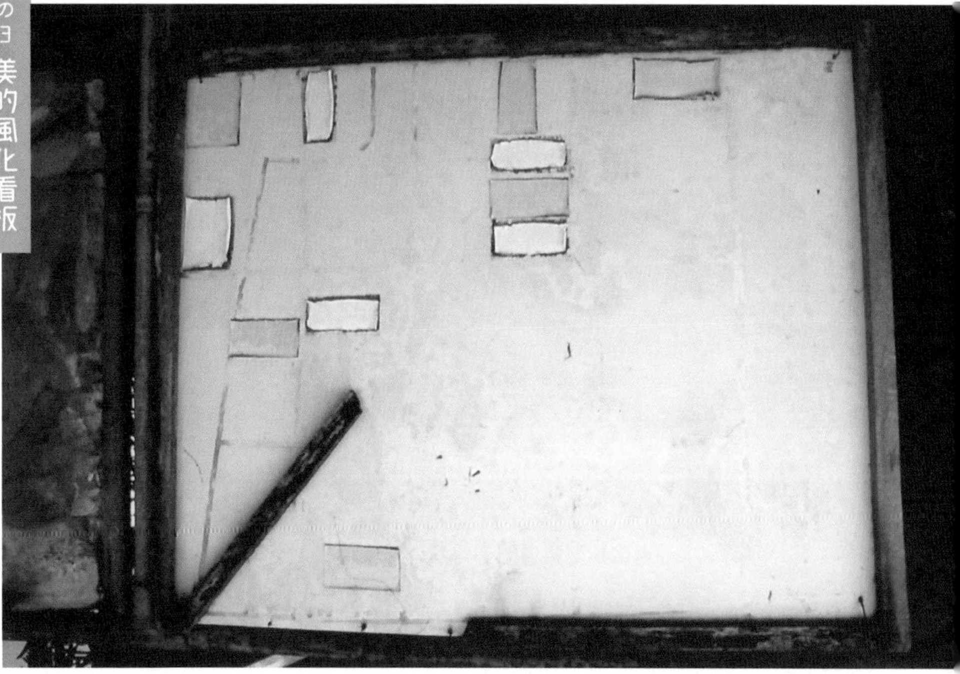

採取地：不明

採取地：東京都世田谷区北沢界隈

採取地：滋賀県近江八幡市

採取地：東京都台東区三ノ輪界隈

採取地：大阪市

採取地：東京都墨田区鳩の街界隈

左の写真、よく見ると「OFF LIMITS」と書かれている。立ち入り禁止という意味で、赤線地帯だった鳩の街で、進駐軍の米兵に向けて書かれたものらしい。

その3　美的風化看板

採取地：神奈川県横須賀市

その4

キャラ&モチーフ看板

あなたは誰？　それは何？

あなたは誰？　それは何？

その4　キャラ&モチーフ看板

昨今、巷ではゆるキャラブームなどといわれていますが、看板界ではとうの昔からゆるキャラ三昧なんですよ。描き手はプロから素人までさまざまですが、そのすべてが、そこにしかない一点もの。表情やしぐさがどれもサイコーですから、ぜひともじっくりご覧ください。

キャラやモチーフが登場する看板はオツなフレーズとセットの場合が多いので、そこも要チェックです。

正しい走り方
弘道小
走る前
ふくそうをととのえる。
じゅんび体そうをする。
目ひょうをたてる。
走る時
前を見て走ろう。
しゃべらずに走ろう。
手をまっすぐふって走ろう
かたの力をぬいて走ろう
こきゅうにあわせて走ろう。
足をまっすぐに出して走ろう。
走ったあと
せいり体そうをする。
あせをふく。

採取地：兵庫県豊岡市出石界隈

中央 一丁目 27-6
HOUSE OF MARTIAL ARTS
石敢當
KARATE SUITS SOLD HERE
SALE
&
LANKETS

採取地：沖縄県那覇市

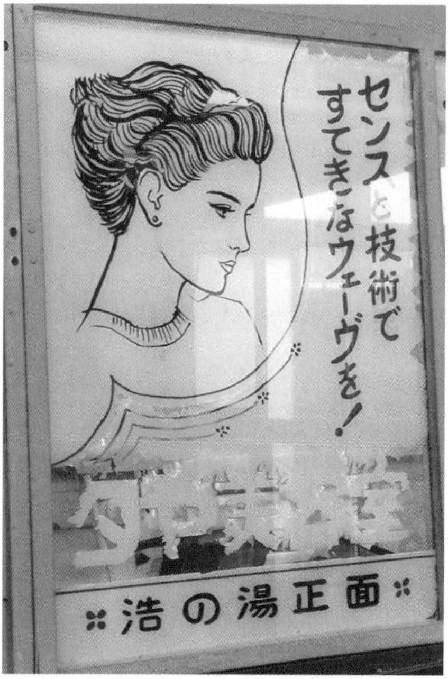

採取地：不明

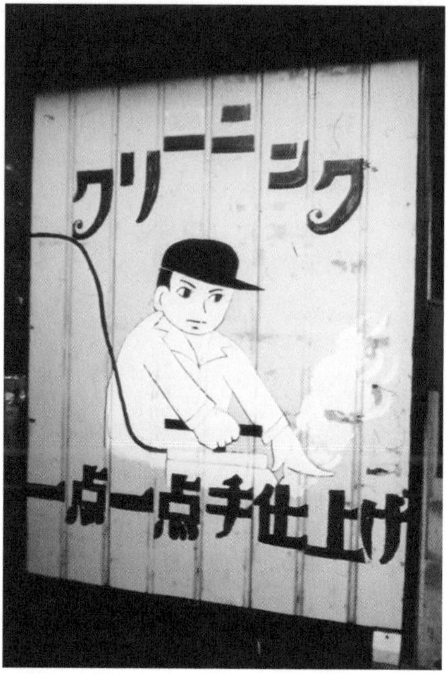

採取地：不明

採取地：不明

採取地：不明

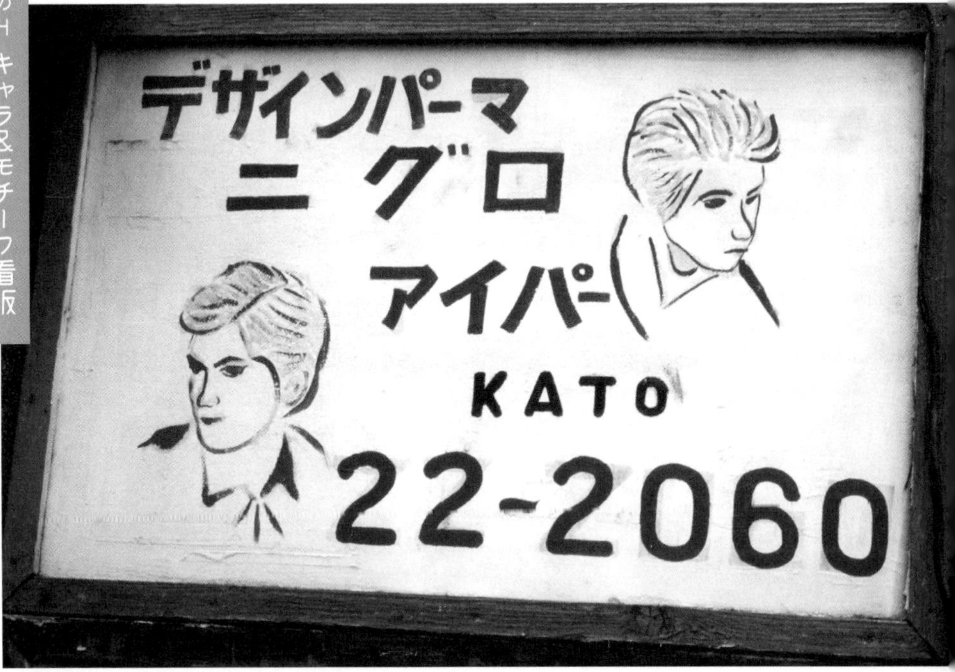

採取地：不明

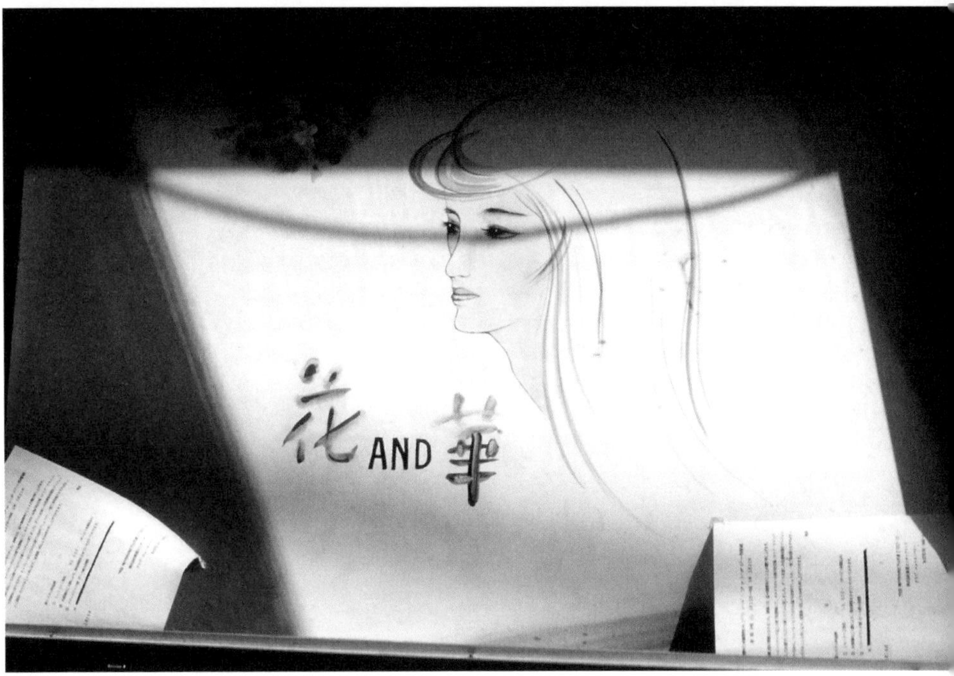

採取地：不明

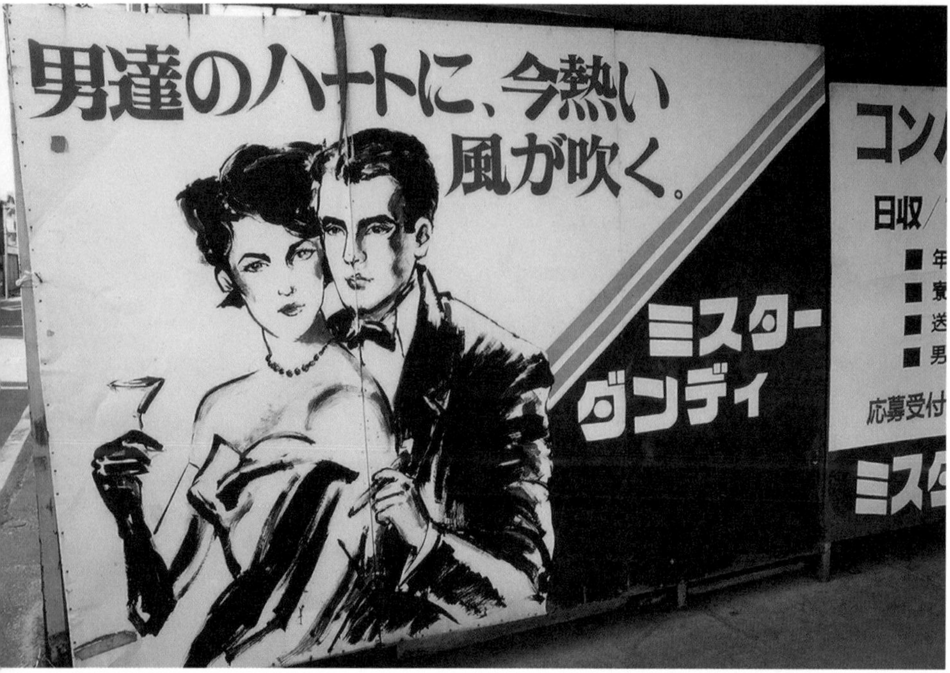
男達のハートに、今熱い
風が吹く。
ミスター
ダンディ
日収

採取地：不明

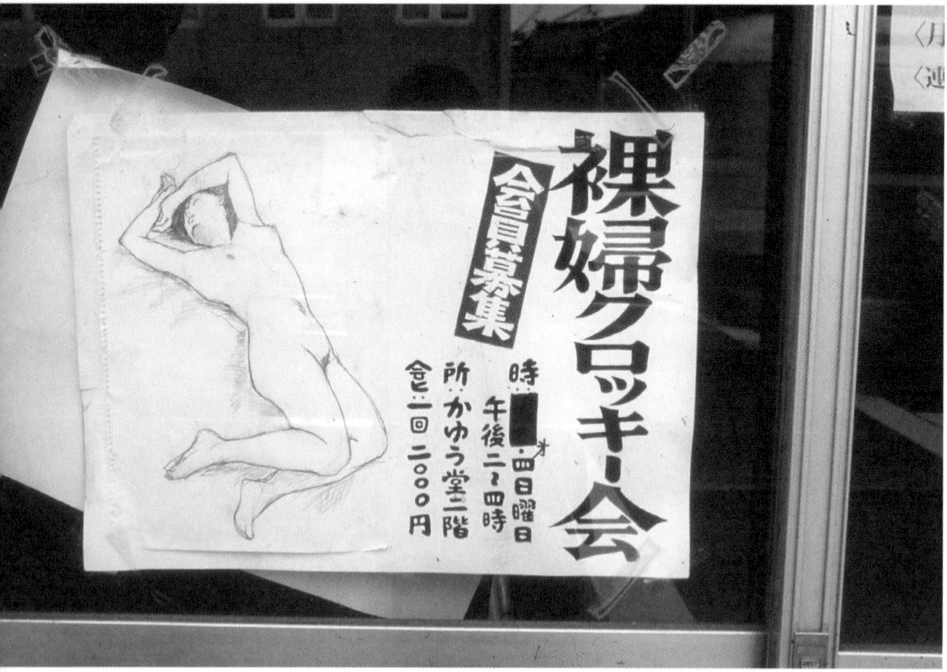
裸婦クロッキー会
会員募集
時：[redacted]・四日曜日
午後二～四時
所：かゆう堂二階
会：一回 二〇〇〇円

採取地：不明

採取地：愛知県名古屋市

採取地：大分県宇佐市

採取地：不明

採取地：不明

採取地：不明

採取地：東京都世田谷区

看板も顔が命。帽子など被ってかわいくおすましは“はなまる”だが、ノッペラボウだったり、顔から下がなかったり、目が異常にギラギラしていたりすると、ちょっと怖い。

採取地：沖縄県那覇市

採取地：不明

採取地：三重県伊勢市

運動実
全 飲 酒 運 転 追 放

採取地：茨城県龍ケ崎市

採取地：京都府篠山市

ABC
交通安全
老人と子供を守ろう
出会いはいつもドラマチック……
トークプラザハッピーロード
女性専用フリーダイヤル 0120-31-5558
話 中 28-8555

採取地：岡山県倉敷市

採取地：大阪市生野区鶴橋界隈

採取地：不明

採取地：不明

採取地：東京都台東区浅草橋界隈

採取地：愛媛県八幡浜市

LONELY
ようみんな
よく来てくれたなぁ
花園街(ゴールデン街)へ。
この街はどの店も良心的だぜ。
気軽に利用してくれよな。
俺はよぉ、もう28年も
ここロンリーで飲んでんだよ。
あしたのために…
今夜も一杯やるか。 ジョー

採取地：東京都新宿区（ゴールデン街）

とびだし注意

採取地：不明

採取地：茨城県石岡市

採取地：静岡県熱海市

採取地：東京都台東区浅草界隈

採取地：東京都豊島区巣鴨

採取地：東京都墨田区

採取地：不明

【上】寿司屋のイラストつき看板は案外珍しい。
【中】「ハト屋のパン」の「ハ」や「ト」が鳩になっている。
【下】妙にリアルな福助。表情が絶妙。

採取地：北海道小樽市

採取地：山口県下関市

商品の形をそのままかたどった看板は、何を売っているかが一目瞭然。両替屋はお金の、茶舗は茶壺の形など、こうした看板は江戸の昔から存在した。

採取地：東京都新宿区早稲田界隈

採取地：福岡県北九州市門司区門司港界隈

採取地：栃木県宇都宮市

採取地：岐阜県高山市

採取地：大阪市平野区

採取地：福岡県北九州市門司区門司港界隈

キャラクターそのものが看板になっているシリーズ。平面的なものが多いなか、悪書を食べる羊だけは厚みがすごい。その体内に悪書を取り込み、成敗するからだ。

飲んでおいしい
函館牛乳
カップ
1ぱい
100えん

採取地：北海道函館市

三好仏具店
青少年を非行から守ろう!!
思いやりのある祖東っ子を育てよう!!
悪書を食べる羊です!
悪書を家庭に持ち込まないようにしましょう。
祖東中学校区環境浄化推進協議会
瀬戸市少年センター

採取地：愛知県瀬戸市

採取地：兵庫県明石市

採取地：京都市

採取地：神奈川県小田原市

玉子焼のタコも、焼肉の牛も、精肉部の動物たちも、みな人に食べられる側の存在。なのに、どうしてこんなに店を宣伝しているのか。せめて、おいしく食べると誓おう。

採取地：東京都台東区浅草橋界隈

採取地：不明

両手を掲げてキューピーは薬や健康相談、金太郎は金太郎飴をアピール。金太郎の上をよく見ると梅干飴の文字も見えるから、これもアピールしたいのだろう。

採取地：沖縄県那覇市

採取地：東京都中央区月島界隈

採取地：不明

採取地：大分県別府市

採取地：不明

採取地：不明

採取地：東京都千代田区

採取地：不明

肩の調整
肩巾からアームホール
肩巾から脇まで
衿の調整
衿ぐり
ラペル直し
カラーの調整
ボタンの調整
袖の調整
長袖を半袖に
袖巾からアームまで
袖丈・袖巾の調整
裾丈の調整
プリーツ・フレアー
タイトもOK
ヒップから裾巾の調整
ファスナーの付け替え
出入口
(有)大関商事

透明人間が着ているかのように、ひとりでにポーズをとるワンピースでリフォームできる項目を説明。洋服や着物を仕立て直す店も、いまはすっかり少なくなった。

採取地：不明

採取地：不明

採取地：不明

採取地：福井県大野市越前大野界隈

採取地：不明

採取地：京都市

採取地：群馬県館林市

右ページ下段のレトロなツバメ柄マッチは、いまも入手可能。左ページ上段の看板にもツバメが。ツバメが巣をかけた家は繁昌するという言い伝えが関係しているのかも？

暮らしの友、嗜好の友

その5

萬《よろず》生活看板

採取地：東京都目黒区

その5

萬《よろず》生活看板

暮らしの友、嗜好の友

スーパーやコンビニなどがない時代、買い物の主役はなんといっても小売店でした。

ここに集めたのは、そんな時代の生活に密着した看板ばかり。外食や嗜好品など暮らしに彩を与えてくれるもの、あって安心という日常に欠かせない存在の看板が勢ぞろいしています。

ここでは、白地の板に黒い字で店名が入った、ある意味王道的なシンプルさの看板が、たくさん登場します。

採取地：東京都足立区

珍しい豚肉内臓専門店。卸のみかと思いきや右隅に「酒ワンカップ　ビールドライ」の黄色い貼り紙が。もつ煮やもつ焼をつまみに立ち飲みできるならサイコーだ。

採取地：東京都墨田区

採取地：奈良市（通称「ならまち」界隈）

採取地：京都市

採取地：東京都目黒区

採取地：秋田県横手市

採取地：岡山県高梁市

採取地：京都市

採取地：埼玉県川越市

採取地：東京都墨田区向島界隈

採取地：大阪市

採取地：奈良県橿原市

かつて、帽子を被るのが成人男性の証しのような時代があったが、今は昔。シャッポなんて言葉も絶滅危惧種だろう。街の帽子屋も、ずいぶん減ってしまった。

採取地：山口県下関市

採取地：埼玉県川越市

採取地：不明

採取地：群馬県館林市

採取地：佐賀市

その5 萬生活看板

なぜ餃子屋と写真館が一緒？ 「大ばかもり」ってどれだけ盛ってるの？ かっぱの「っ」の字が大きすぎないか？ ……看板には「？」なものが、けっこう多い。

採取地：不明

採取地：東京都品川区

採取地：埼玉県秩父市

採取地：東京都世田谷区

採取地：大阪市平野区

採取地：群馬県高崎市

採取地：神奈川県横須賀市

採取地：不明

採取地：群馬県前橋市

採取地：沖縄県那覇市

寿司長
自転車販売・修理
電話3712−1255番
空気入も
お気軽るに
ブリヂストン
自転車
販売
パンク
修理

採取地：不明

採取地：東京都千代田区神田界隈

採取地：神奈川県横須賀市

採取地：不明

採取地：群馬県高崎市

右ページの店は自転車のパンク修理店らしいが、「寿司長」の看板も堂々と掲げている不思議な店。ドアに書かれたパンクの文字が、ロックな意味でのパンクに思える。

採取地：東京都足立区北千住界隈

採取地：東京都荒川区

採取地：群馬県安中市磯部

採取地：東京都足立区

採取地：東京都豊島区

採取地：東京都荒川区

採取地：不明

採取地：山口県下関市

右の写真は都内を走るチンチン電車（都営荒川線）の線路沿いの光景。うなぎとやきとりの看板はともかく、鬼子母神名物が「？」とはいったいどういうことなのか。

採取地：神奈川県横浜市

採取地：不明

やき鳥の「鳥」がイラスト風になっているところがチャーミング。1本40円はかなり安いといえるだろう。しかし、側面には60円と書かれている。どっちなんだ。

採取地：群馬県館林市

採取地：不明

採取地：沖縄県那覇市

採取地：東京都

採取地：不明

採取地：愛知県岡崎市

採取地：東京都品川区

採取地：山形県鶴岡市

採取地：沖縄県那覇市

採取地：沖縄県那覇市

採取地：不明

採取地：不明

ローヤルクラウンコーラは1905年にアメリカで創業。日本では昭和35（1960）年より発売。当時のポスターやＣＭには、若き日の加山雄三が登場している。

採取地：不明

採取地：京都市

採取地：愛知県名古屋市

名古屋生まれのクッピーラムネ。製造元のカクダイ製菓では昭和25年からラムネを作っている。ウサギとリスのキャラクターがトレードマークだが、名前はないらしい。

採取地：不明

採取地：不明

採取地：大分県別府市

採取地：不明

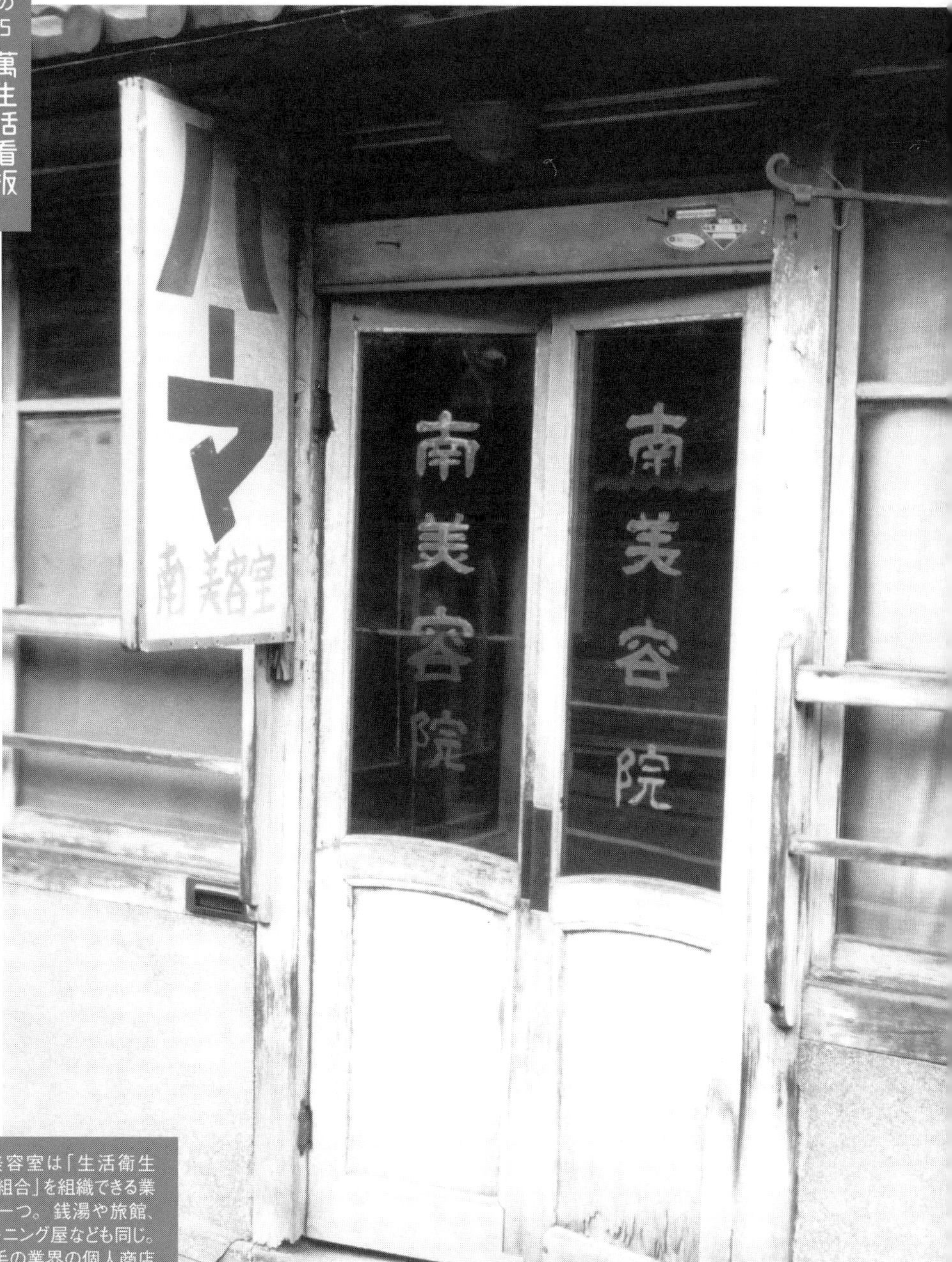

理・美容室は「生活衛生同業組合」を組織できる業種の一つ。銭湯や旅館、クリーニング屋なども同じ。この手の業界の個人商店は、苦戦中のところが多いようだ。

採取地：不明

内科でも外科でも呼吸器科でも消化器科でも肛門科でも心療内科でも皮膚科でも眼科でも歯科でも耳鼻咽喉科でもなく、治療所。すべてを癒やしてくれそう？

採取地：不明

保険 調剤
クスリ
スペシャル薬局
SPS
マイレンタル
20円

採取地：不明

玉 薬
佐久間薬局
保険処方箋調剤
82-3615
玉 薬
佐久間薬局
保険処方箋調剤
TEL 82-3615
ベンザブロック
漢方薬
ぜんそく
リウマチ
調剤
処方せん受付

採取地：不明

採取地：不明

採取地：不明

【左】「結縁（ゆうえん）」は珍しい名字なのでは。看板にある日本大腸肛門病学会は、大腸肛門病学の研究や診療の向上、国民の健康への寄与などを目的とする組織。

皮膚科
泌尿器科
結縁《ゆうえん》肛門科
TEL.(331)0693
日本大腸肛門病学会認定専門医
結縁《ゆうえん》肛門科
TEL.(331)0693
採取地：兵庫県芦屋市

きっと見つかる、見つけたい！

その6

捜索お導き看板

きっと見つかる、見つけたい!

その6　捜索お導き看板

街には探しものがつきもの。たとえば、目的地。かつてはお葬式があると、人差し指で方向を示すイラスト入りの貼り紙が、会場へと導いてくれたものです。ここには、そんなお導き系の看板が集結しています。

道行く人だけでなく、街の住人たちも、探しものをしていることがあります。尋ね人や逃げてしまったペットの捜索です。その文面は、みな一様に切実です。

採取地：東京都調布市仙川界隈

採取地：東京都江東区

採取地：京都市

採取地：山梨県富士吉田市月江寺界隈

採取地：不明

案内する場所を矢印や指のイラストで指し示す看板は珍しくないが、いちばん上の写真のように、それ自体が矢印の形になっている看板は希少かも。

採取地：東京都台東区浅草界隈

建物の名前からするとアパートのようだが、2階に仕立て屋さんがあるという。行きたい気持ちはあっても、ドアをくぐるのに少し勇気がいりそうな雰囲気だ。

採取地：北海道岩見沢市

採取地：東京都足立区

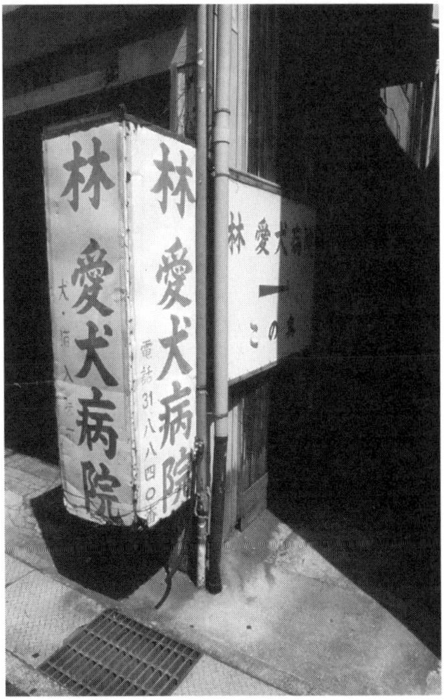

採取地：不明

採取地：不明

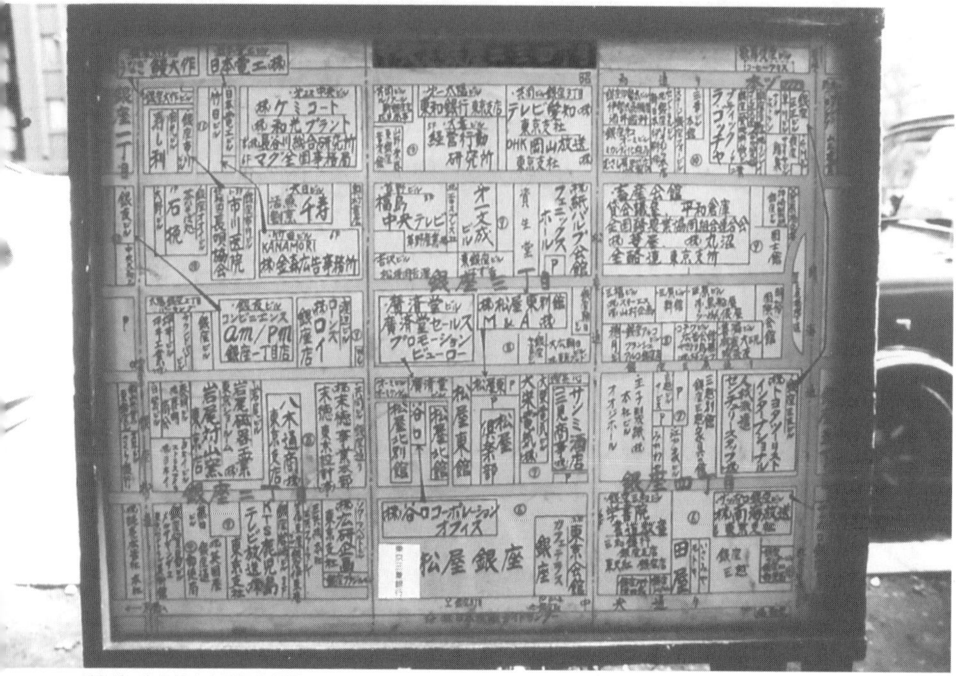

採取地：東京都中央区銀座界隈

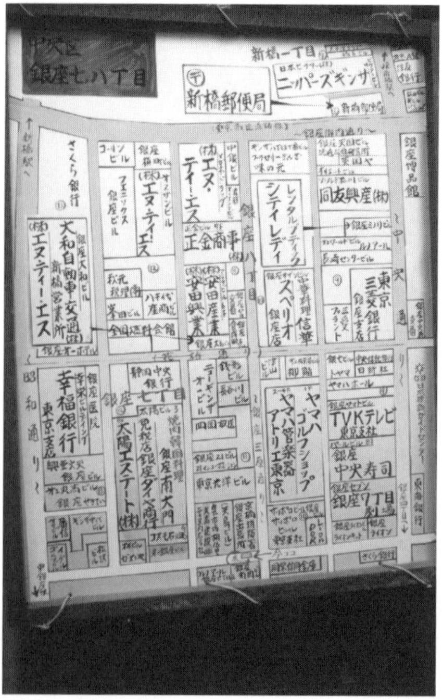

採取地：東京都中央区

採取地：不明

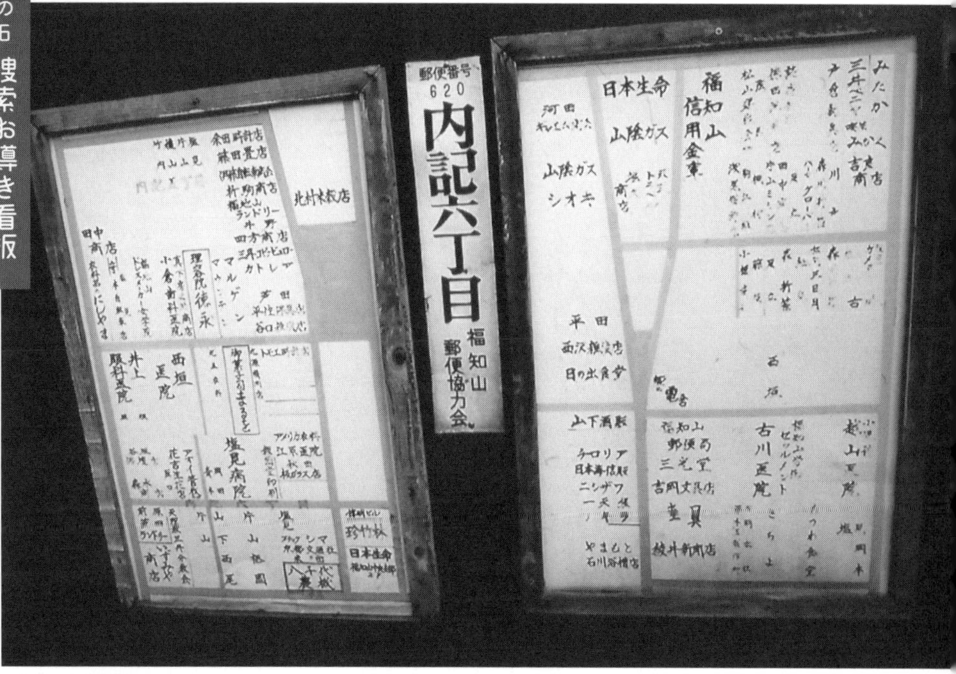

採取地：京都府福知山市

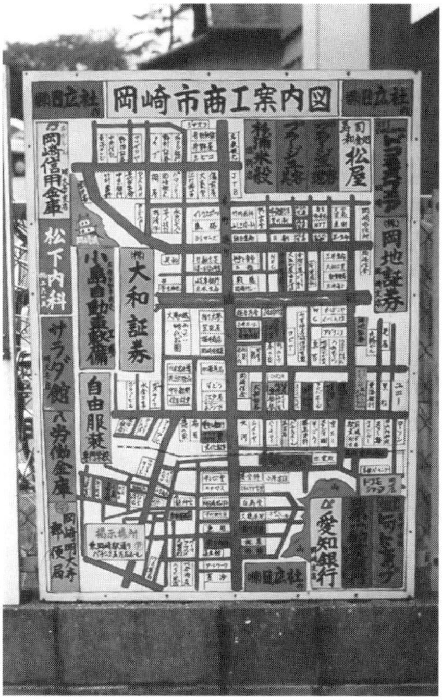

採取地：愛知県岡崎市

採取地：東京都千代田区

採取地：東京都品川区

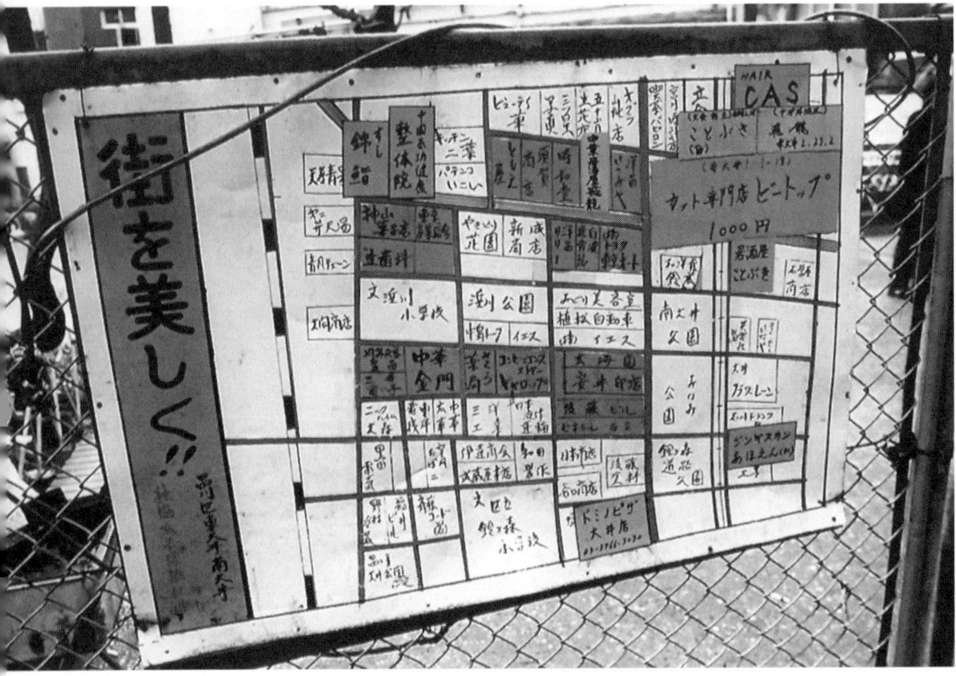

採取地：東京都品川区

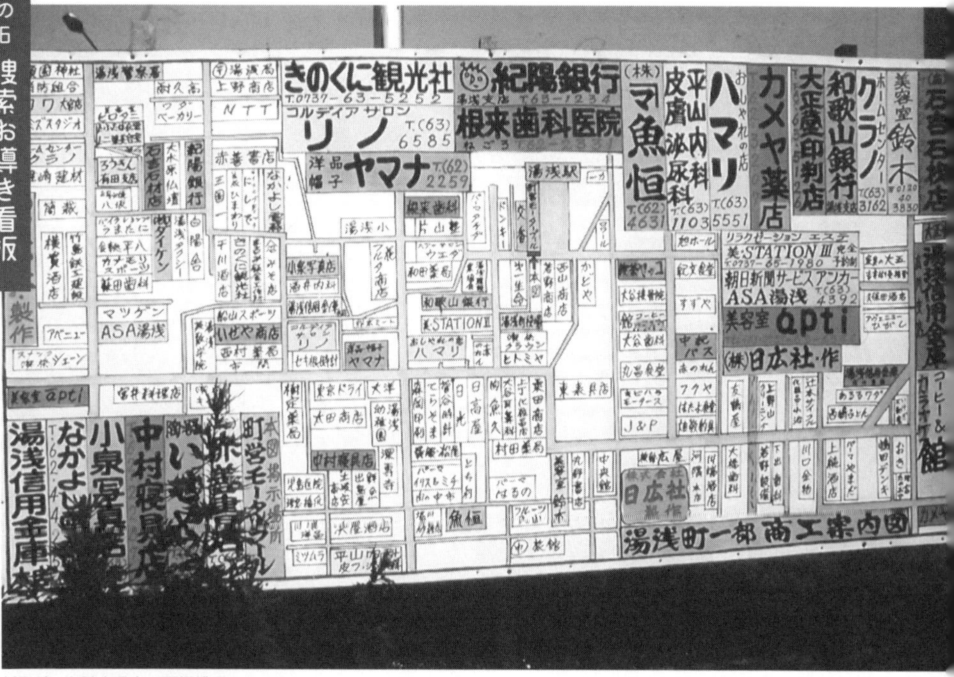

採取地：和歌山県有田郡湯浅町

採取地：山梨県大月市

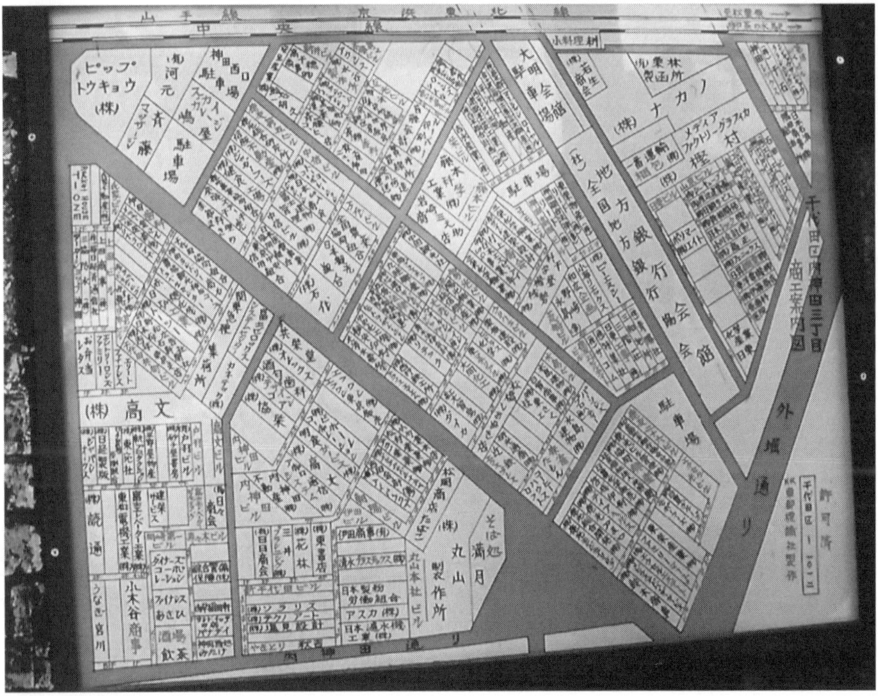

採取地：東京都千代田区

採取地：東京都渋谷区

採取地：東京都台東区浅草界隈

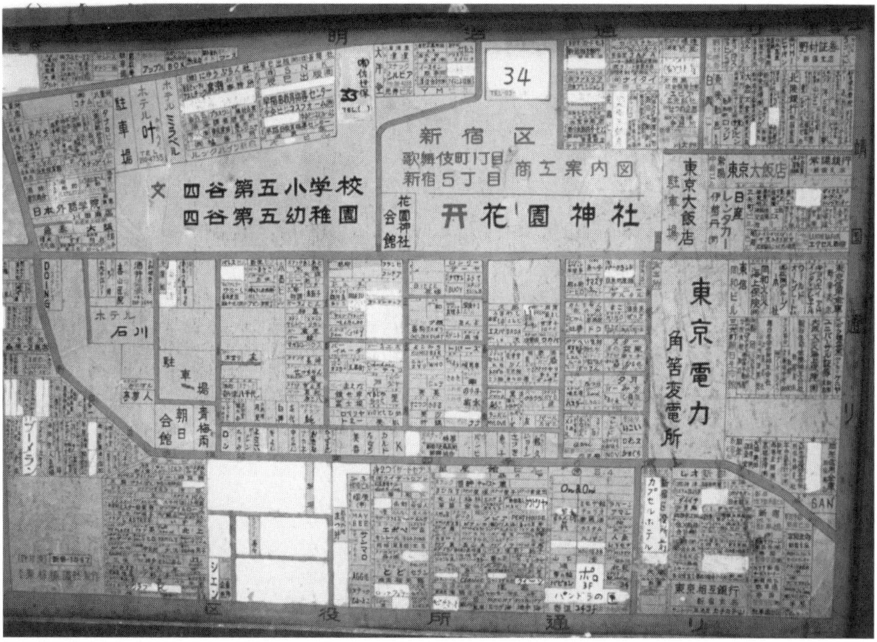

採取地：東京都新宿区

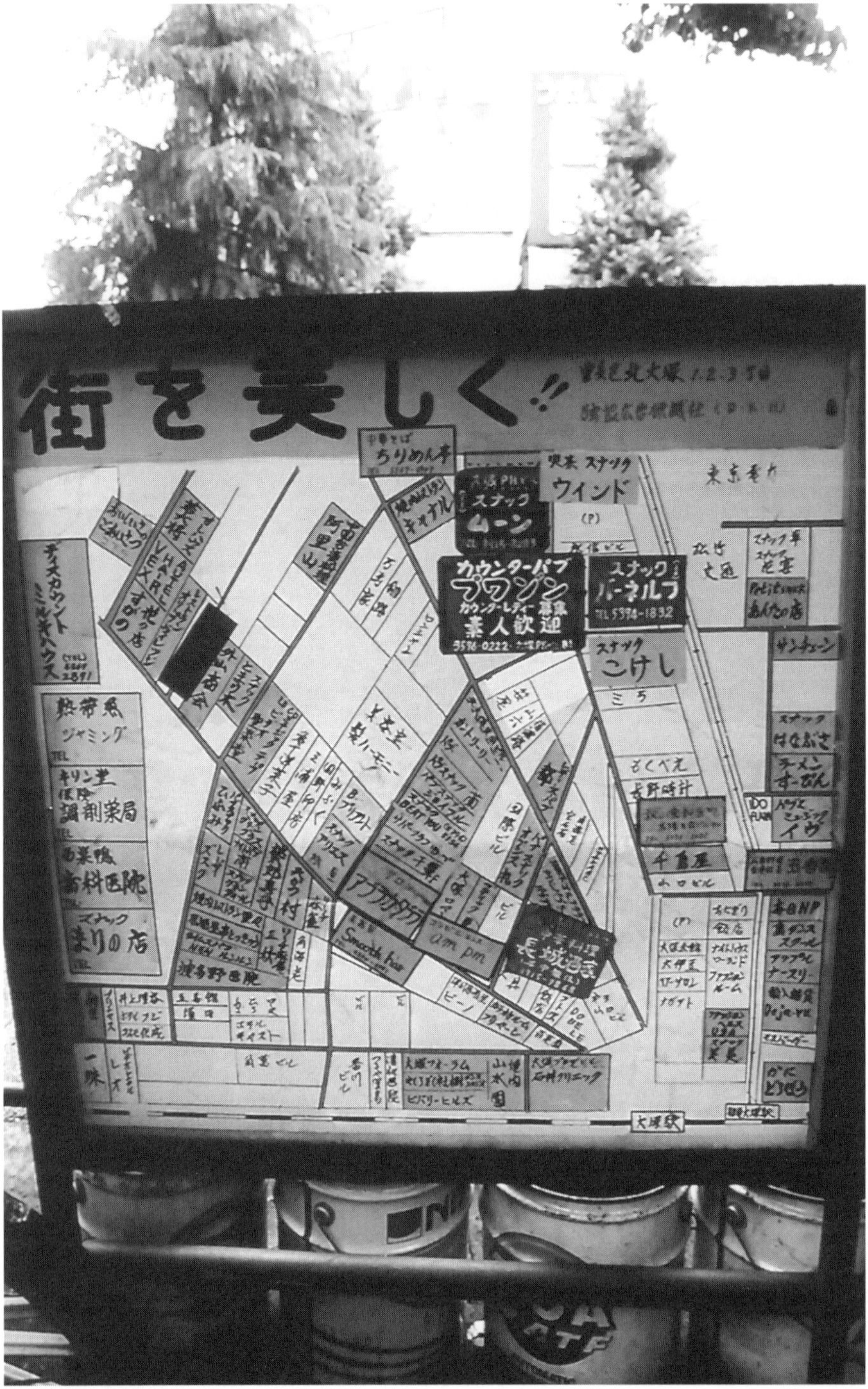
街を美しく!!
ちりめん亭
喫茶 スナック
ウィンド
スナック
ムーン
カウンターパブ
カウンターレディー募集
素人歓迎
TEL 5374-1832
スナック
こけし
ミチ
さくべえ
長野時計
千鳥屋
熱帯魚
ジャミング
キリン堂
保険
調剤薬局
歯科医院
スナック
まりの店
サンチェーン
スナック
はなぶさ
am pm
大塚フォーラム
大塚駅
[redacted]

採取地：東京都豊島区

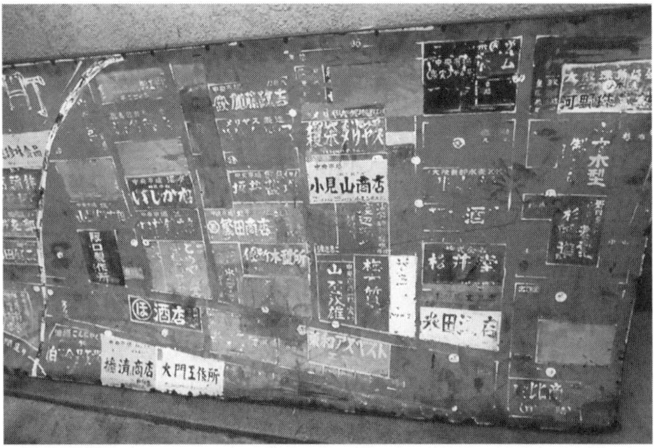

採取地：不明

採取地：東京都台東区

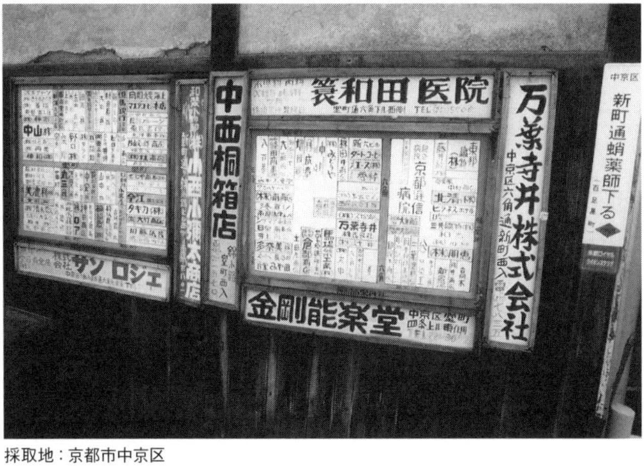

採取地：京都市中京区

このページの写真３点は、美的風化看板同様、アートの範疇でもおかしくない地図ばかり。下の、地図を囲む細長い看板は、京都でよく見かけるパターン。

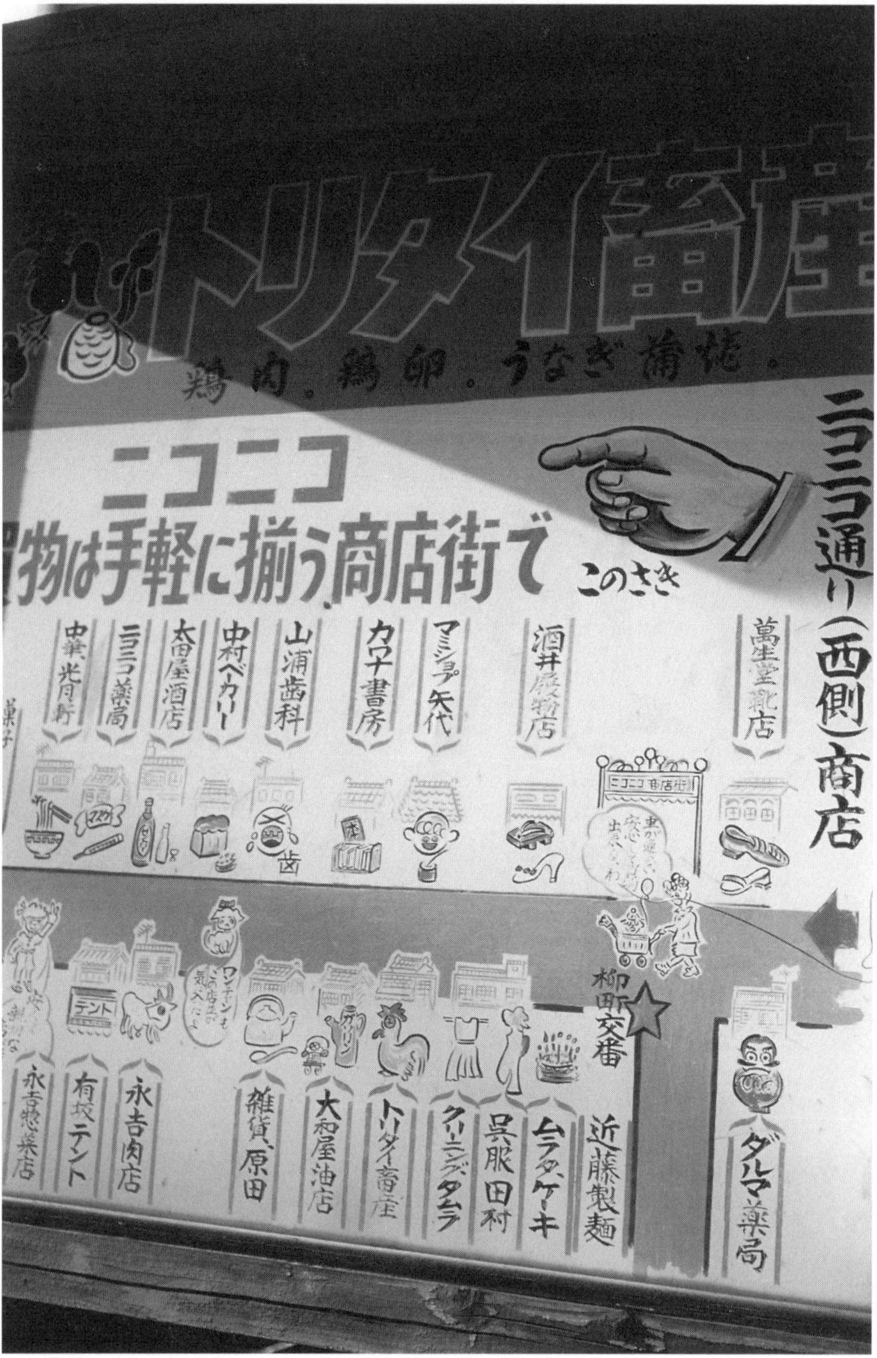

採取地：東京都足立区北千住界隈

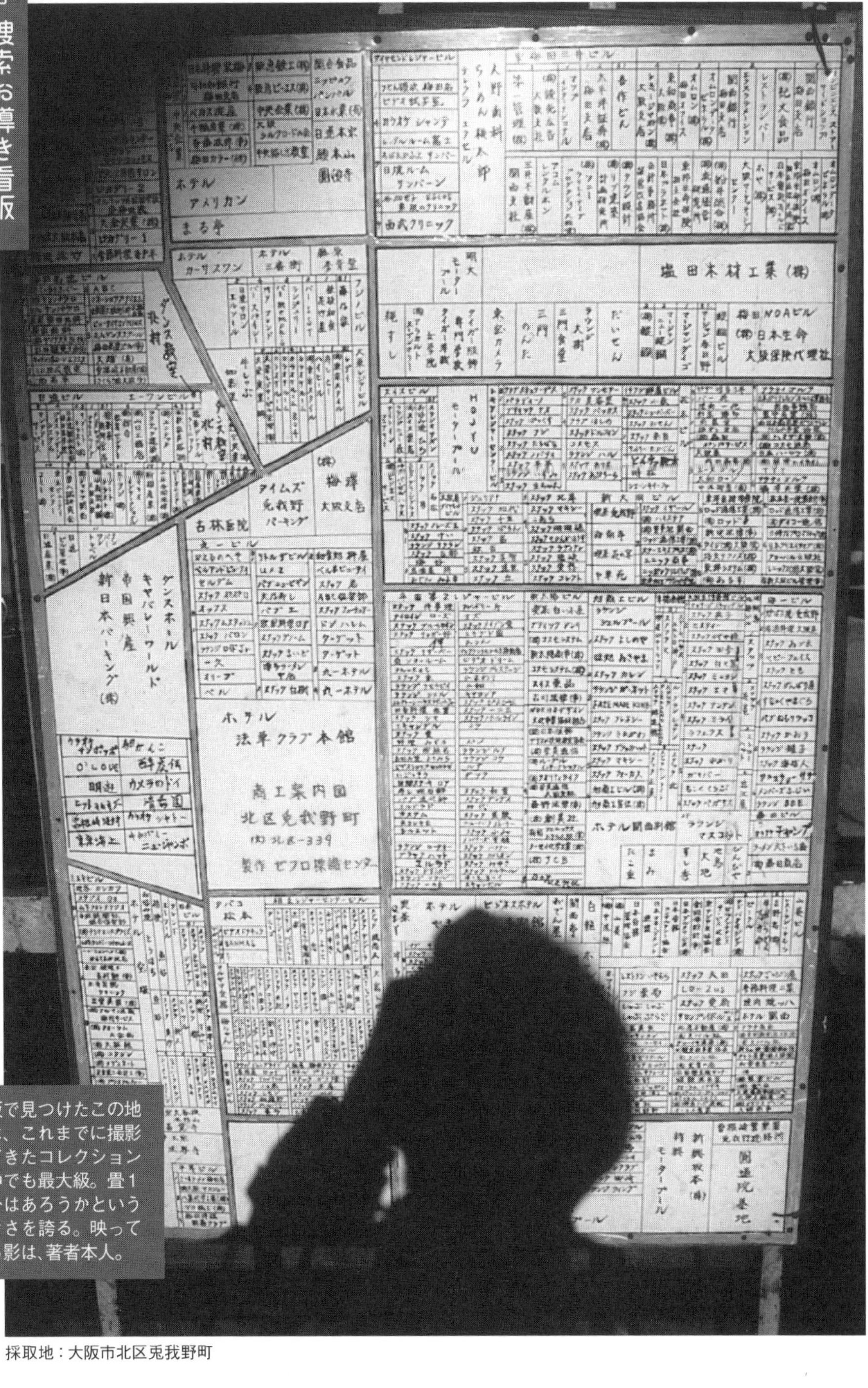

大阪で見つけたこの地図は、これまでに撮影してきたコレクションの中でも最大級。畳1枚分はあろうかという大きさを誇る。映っている影は、著者本人。

採取地：大阪市北区兎我野町

尋ね人
名前（ さん） 何処《どこ》にい
が知ってる方 電話下さい
TEL

採取地：不明

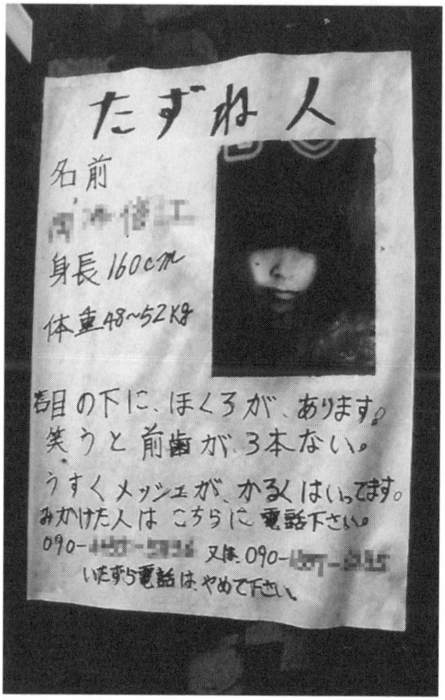
たずね人
名前
身長160cm
体重48~52kg
目の下に、ほくろが、あります。
笑うと前歯が、3本ない。
うすくメッシュが、かるくはいってます。
みかけた人はこちらに電話下さい。
090- 又は 090-
いたずら電話はやめて下さい。

採取地：不明

尋ね人の貼り紙は、いなくなってしまった人の特徴が事細かに書かれている場合が多い。ネット社会がこれだけ発達したいまでも、街で見かけることがある。

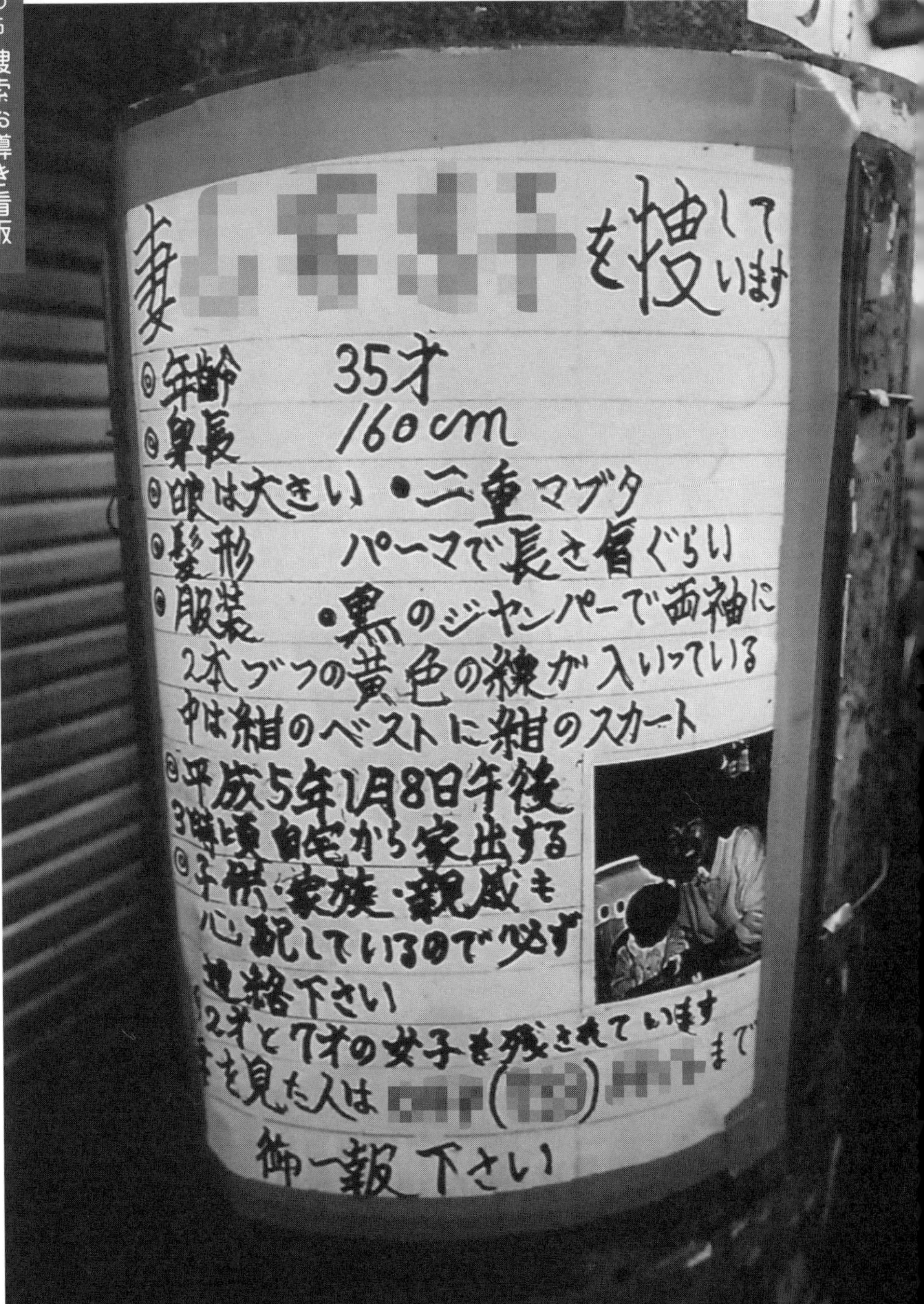
妻
を捜しています
◎年齢 35才
◎身長 160cm
◎眼は大きい・二重マブタ
◎髪形 パーマで長さ肩ぐらい
◎服装 ・黒のジヤンパーで両袖に
2本ブツの黄色の線が入いっている
中は紺のベストに紺のスカート
◎平成5年1月8日午後
3時頃自宅から家出する
◎子供・家族・親戚も
心配しているので必ず
連絡下さい
12才と7才の女子を残されています
を見た人は
まで
御一報下さい

採取地：神奈川県川崎市

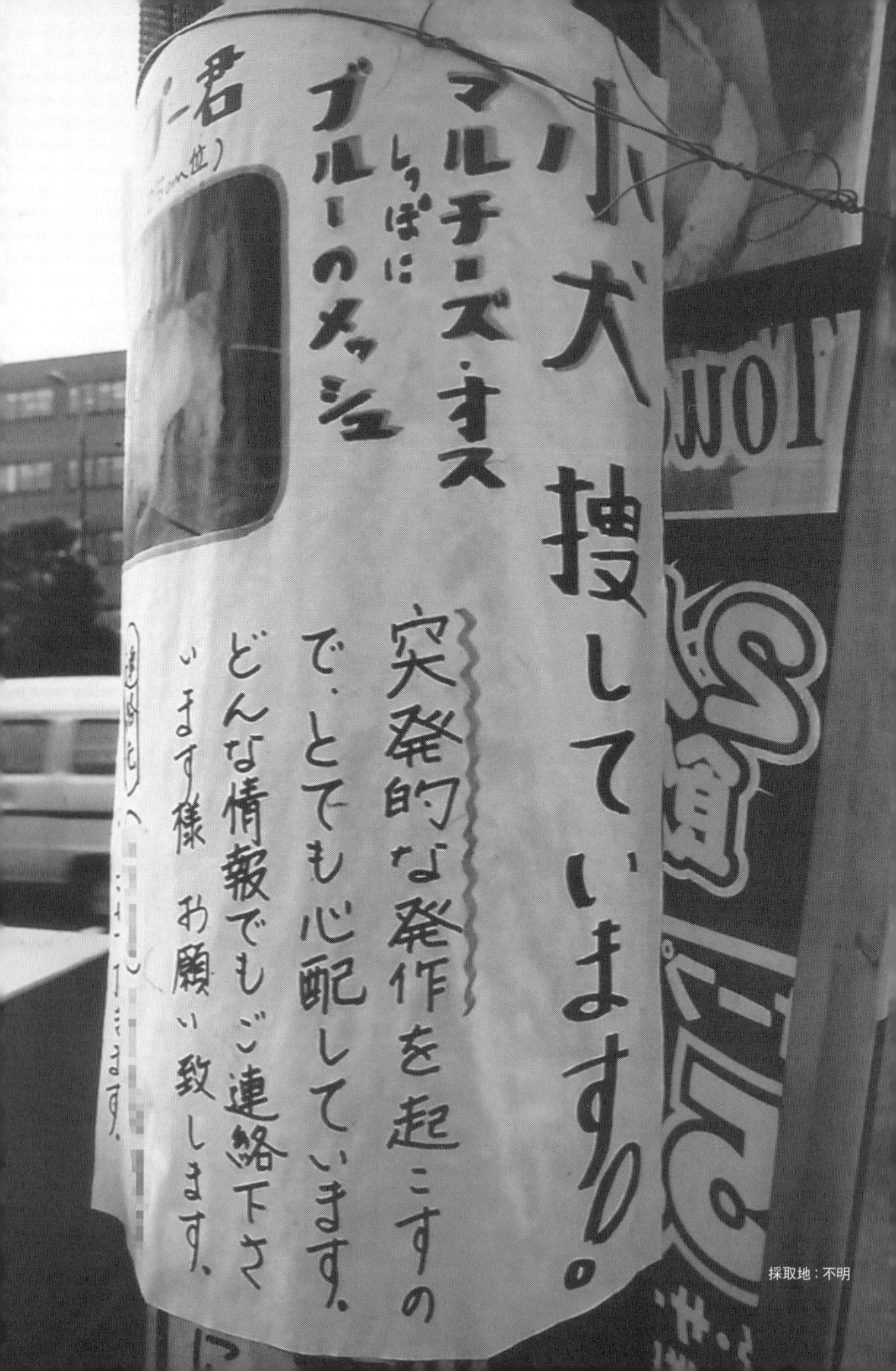
小犬捜しています。
マルチーズ・オス
しっぽに
ブルーのメッシュ
突発的な発作を起こすの
で、とても心配しています。
どんな情報でもご連絡下さ
います様 お願い致します。
連絡先

採取地：不明

探しています
オス 4才 パグ犬(黒)
連絡先 090-
見つけて頂いた方
謝礼 10万円差し上げます

採取地：東京都台東区浅草付近

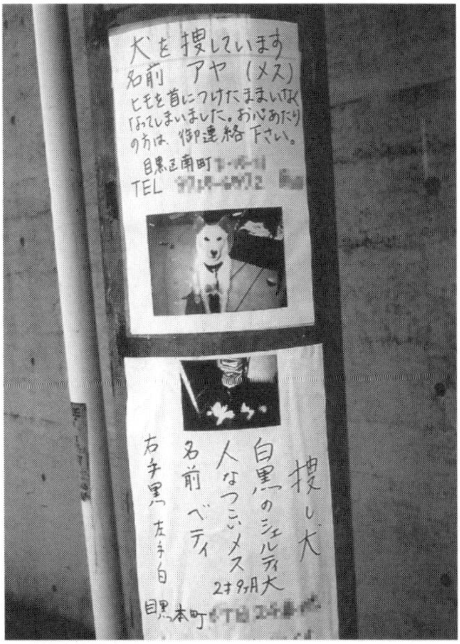
犬を捜しています
名前 アヤ (メス)
ヒモを首につけたままいなくなってしまいました。お心あたりの方は、御連絡下さい。
目黒区南町
TEL
捜し犬
白黒のシェルティ犬
人なつこいメス
2才9ヶ月
名前 ベティ
右手黒 左手白
目黒本町

採取地：東京都目黒区

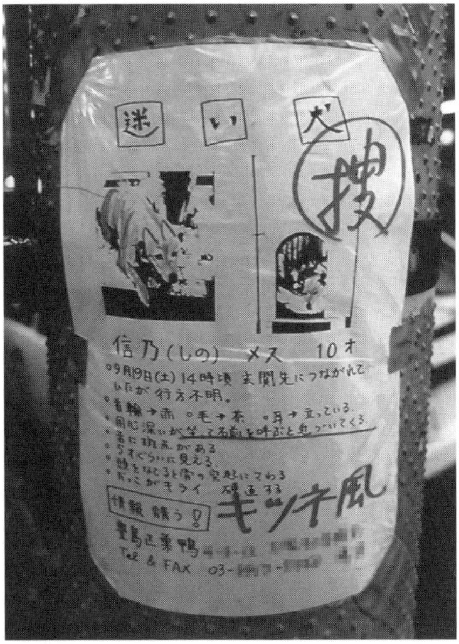
迷い犬
捜
信乃(しの) メス 10才
9月19日(土) 14時頃 玄関先につながれていたが行方不明。
首輪→赤 毛→茶 耳→立っている。
キツネ風
情報願う!
豊島区巣鴨
TEL & FAX 03-

採取地：東京都豊島区

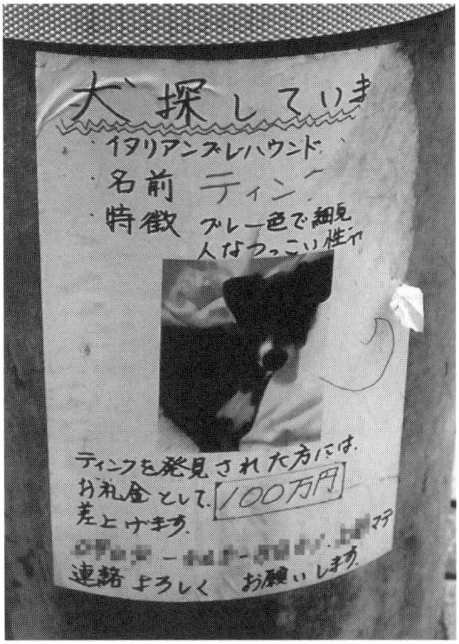
犬探していま
イタリアングレハウンド
名前 ティン
特徴 グレー色で細身
人なつっこい性
ティンクを発見された方には
お礼金として 100万円
差上げます。
連絡よろしくお願いします。

採取地：不明

猫を探しています。
とても心配しています。
毛の色
うすい茶色と白の2色
名前:チャチャ　性別:メス♀
どんなささいな事でもかまいません。
みなさまのご協力おまちしています。

採取地：東京都

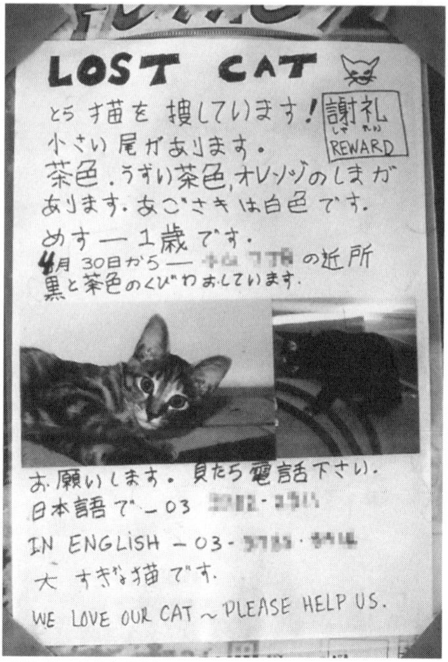
LOST CAT
とら猫を 捜しています!
謝礼《しゃれい》
REWARD
小さい尾があります.
茶色.うすい茶色,オレンジのしまがあります.あごさきは白色です.
めす―1歳です.
4月30日から ― の近所
黒と茶色のくびわをしています.
お願いします.見たら電話下さい.
日本語で―03
IN ENGLISH―03-
大すきな猫です.
WE LOVE OUR CAT ~ PLEASE HELP US.

採取地：東京都品川区

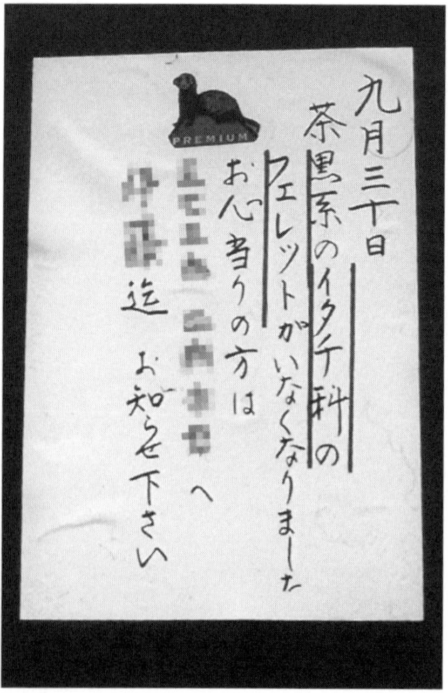
PREMIUM
九月三十日
茶黒系のイタチ科の
フェレットがいなくなりました
お心当りの方は
へ
迄　お知らせ下さい

採取地：東京都

迷い犬、迷い猫はともかく、迷いフェレットは時代を感じる。ヨーロッパではネズミ退治のためにローマ時代からフェレットが飼われていたという。ホントか?

大《ダイ》ちゃん
探しています
〈種類・特徴〉
シーズー オス 2才
体重4.5kg(わりと小柄)
★心臓が弱いので
大変心配しております。
〈連絡先〉
03-[redacted]
03-[redacted]
保護された方には、謝礼金として 3万円 差し上げます。

採取地：東京都品川区

さがして
います
TEL
まで
チョビくん
◎黄色のおかめインコ
ほっぺがオレンジ色
見つけた方は、御連絡

採取地：東京都目黒区

捜しています、インコ
●左足の爪(前の内側)が
一本ありません
3/3(土)の朝、行方不明にな
下さいますようお願い致します
小学校

採取地：東京都目黒区

オカメインコを
捜しています!!
10月1日(火)午後2:30頃、誤まって
外に飛び出してしまいました。人に良く
慣れているので、民家に入っている可能性
が高いです。お心当たりの方、ご連絡下さい。
TEL
(しゃべります…きょんちゃん、よいしょ、ばんざーい etc.

採取地：東京都目黒区

小鳥を
探しています
見つけた方 下記まで
ご連絡 下さい。

採取地：東京都目黒区

お願いします
この鳥を探しています
3/1 夕方から 見つかりません
お見かけの方は、ご連絡下さい!
TEL [redacted]

採取地：東京都目黒区

並べ並べて、また並べ

その7
羅列密集看板

採取地：不明

その7

羅列密集看板

並べ並べて、また並べ

商品や店のウリを羅列している看板には、思わず一つひとつに目を通したくなるような魅力があります。一定の法則のもとに言葉が並んでいると、デザイン的にもきれいだったりするんですよね。

ただ、なかには羅列の域を通り越して、密集といえるまでに情報が集まりまくっている看板もある。「見てほしい！」というその主張の激しさに、見ているこちらはクラクラしてしまいます。

採取地：東京都世田谷区北沢界隈

採取地：大阪市

採取地：愛知県瀬戸市

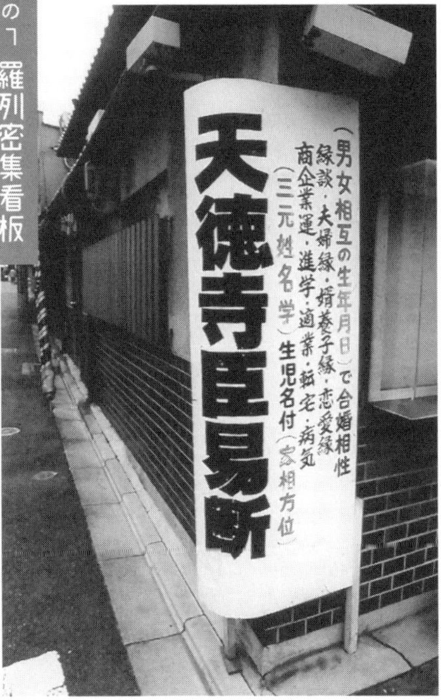
天徳寺臣易断
(男女相互の生年月日)で合婚相性
縁談・夫婦縁・婿養子縁・恋愛縁
商企業運・進学・適業・転宅・病気
(三元姓名学)生児名付(家相方位)

採取地：不明

倉持帽子店
TEL.611-8805
小売致します
海釣帽
ハンチング
ヘルメット
へら鮒帽
町会帽
注文帽

採取地：不明

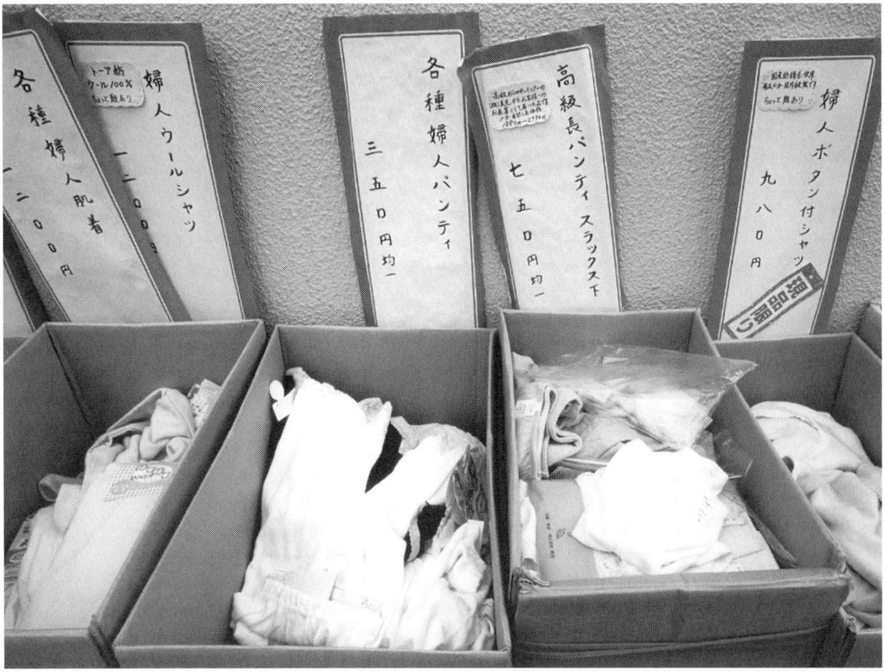
婦人ボタン付シャツ
九八0円
ちょっと難あり
高級長パンティ スラックス下
七五0円均一
各種婦人パンティ
三五0円均一
婦人ウールシャツ
トーア紡 ウール100%
各種婦人肌着
一二00円

採取地：不明

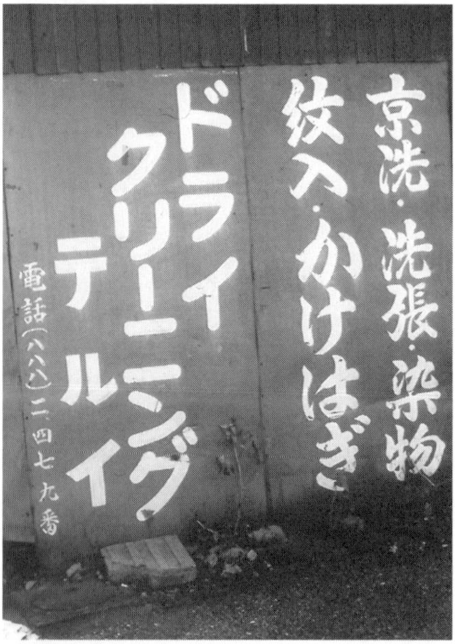

採取地：東京都足立区北千住界隈

採取地：群馬県館林市

採取地：不明

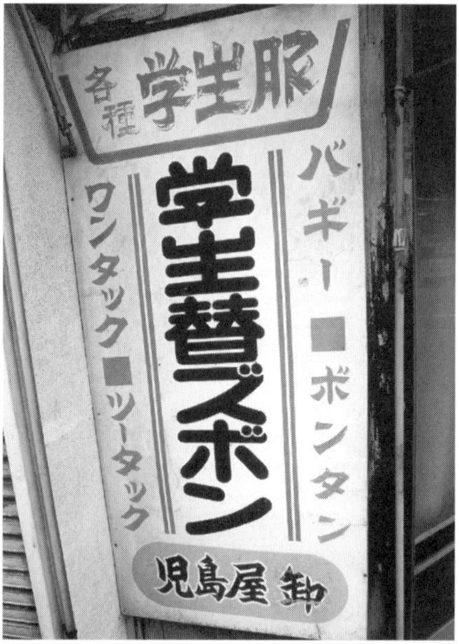

採取地：広島県福山市

富印燐安加里
富印燐安加里
大黒印燐安加里
愛犬の栄養食
VITAONE

並んでいる短冊状の看板は、すべてホーロー製。燐安加里は、リンや窒素、カリウムが含まれた肥料のこと。植物の栄養源と犬の栄養源の看板をともに収めた一枚。

採取地：不明

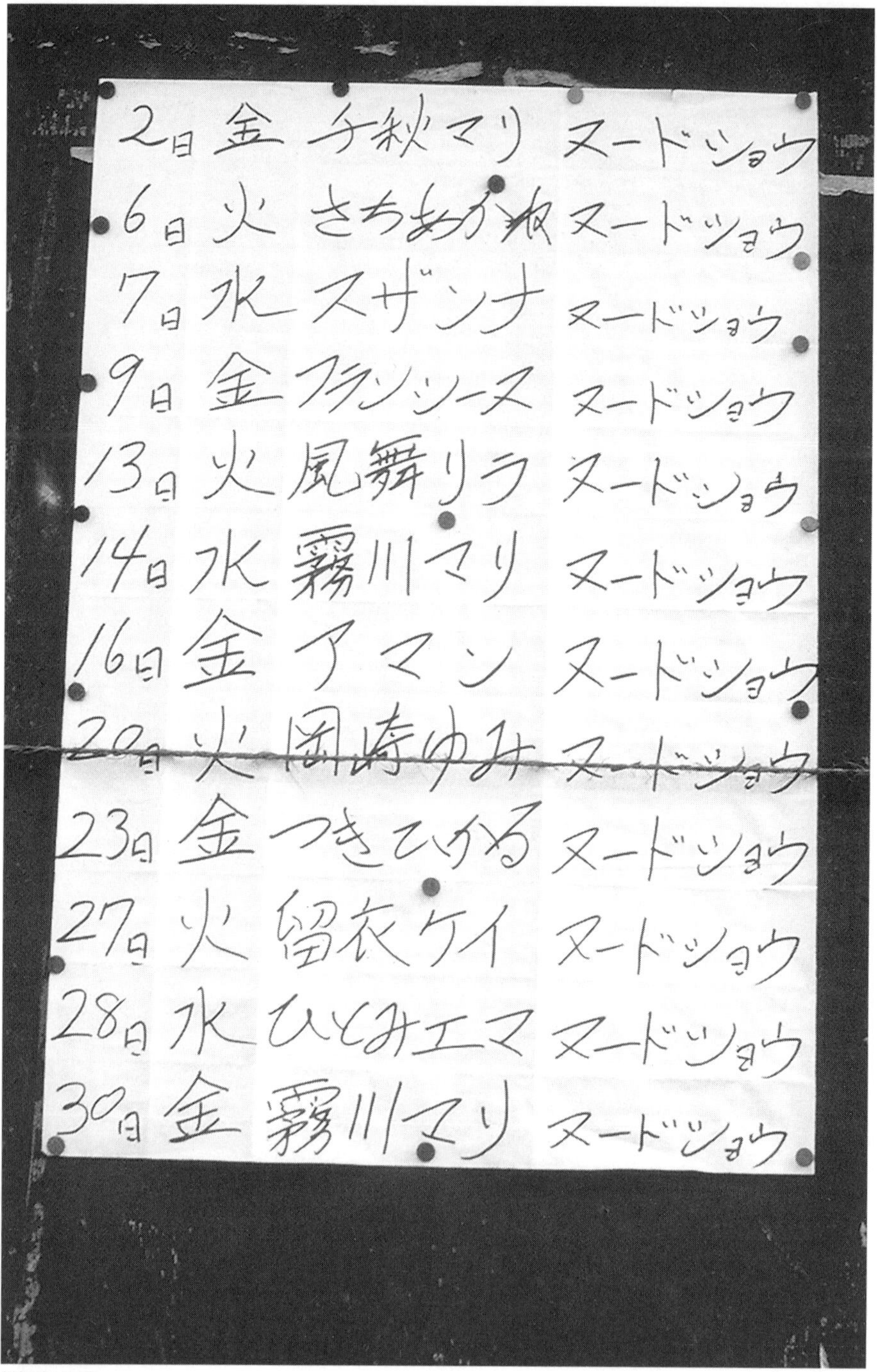
2日 金 手秋マリ ヌードショウ
6日 火 さちあかね ヌードショウ
7日 水 スザンナ ヌードショウ
9日 金 フランソーヌ ヌードショウ
13日 火 風舞リラ ヌードショウ
14日 水 霧川マリ ヌードショウ
16日 金 アマン ヌードショウ
20日 火 岡崎ゆみ ヌードショウ
23日 金 つきてひかる ヌードショウ
27日 火 留衣ケイ ヌードショウ
28日 水 ひとみエマ ヌードショウ
30日 金 霧川マリ ヌードショウ

採取地：不明

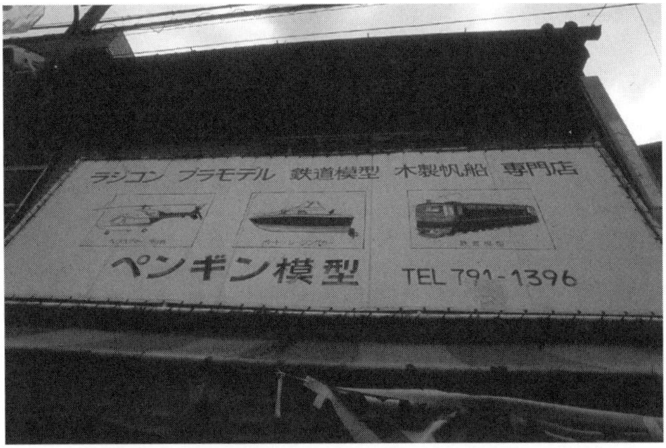

採取地：大阪市平野区　2010年頃

採取地：不明

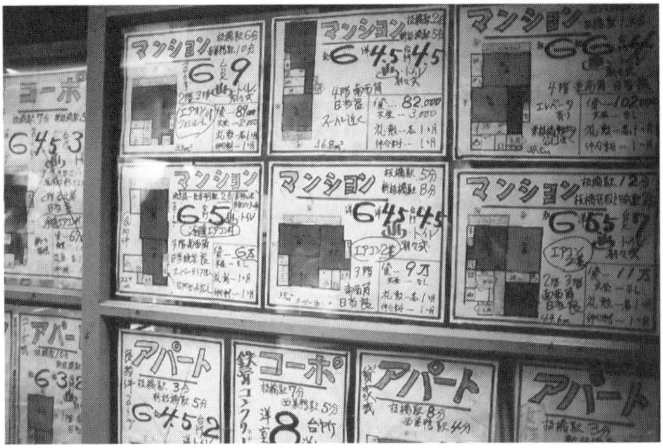

採取地：不明

【上】イラストと文字で攻める模型店のテント。
【中】「大福商事」と書かれた部分は、関西によくある形。
【下】最近珍しい手描きの間取り図の羅列。

採取地：東京都

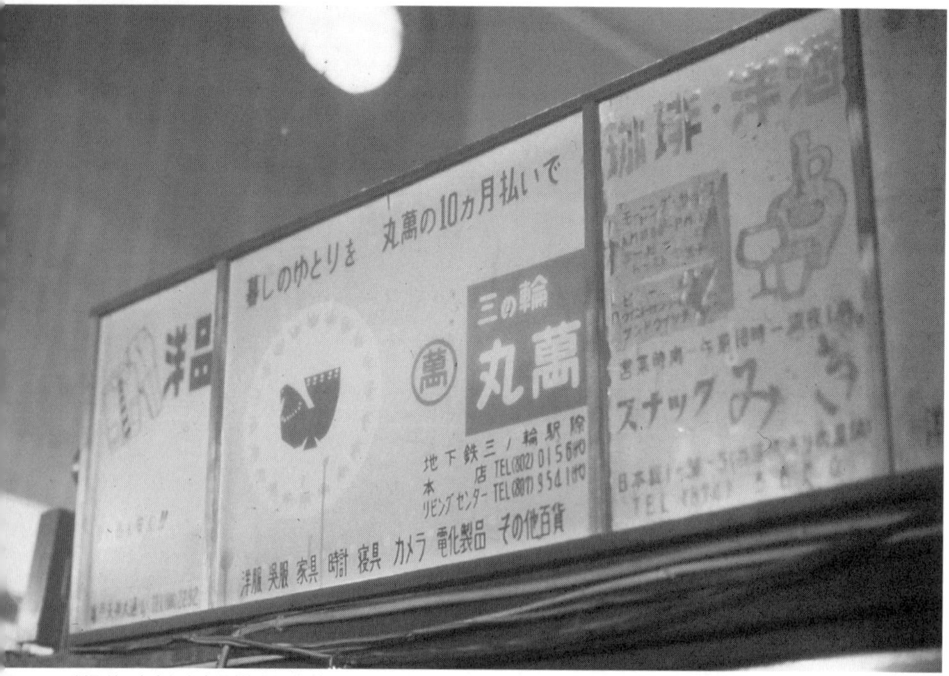

採取地：東京都台東区（廿世紀浴場）

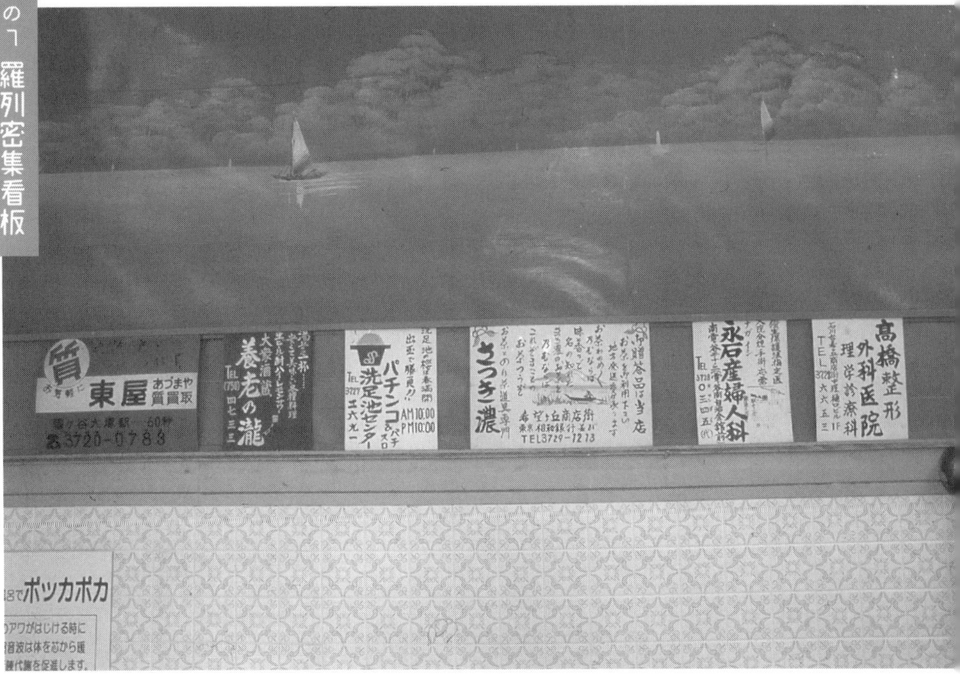
質
東屋
あづまや
質買取
3720-0783
大衆酒蔵
養老の瀧
パチンコ&パチスロ
洗足池センター
AM10:00
PM10:00
さつき濃
贈答品は当店
TEL3729-7213
産婦人科
高橋整形
外科医院
理学診療科
ポッカポカ

採取地：東京都大田区（明神湯）

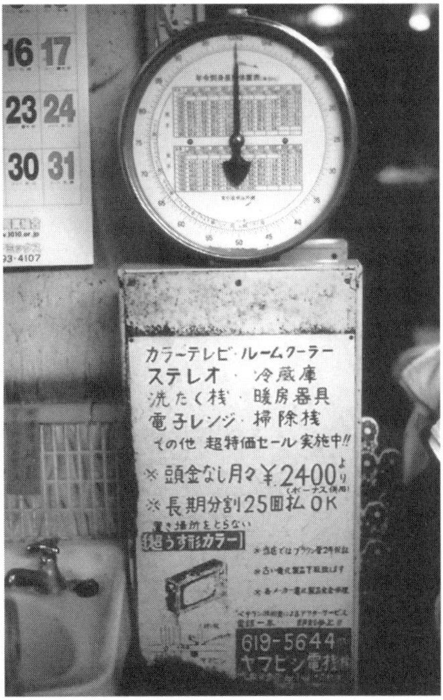
16 17
23 24
30 31
カラーテレビ・ルームクーラー
ステレオ・冷蔵庫
洗たく機・暖房器具
電子レンジ・掃除機
その他 超特価セール実施中!!
※頭金なし月々¥2400より
※長期分割25回払OK
619-5644

採取地：東京都墨田区（第二香藤湯）

銭湯の看板シリーズ。昔は浴室内の壁の絵を描き替えるタイミングで絵の下にある看板も替わっていたが、最近はずっと同じ場合が多い。広告が取れないらしい。

採取地：千葉県浦安市

採取地：富山市

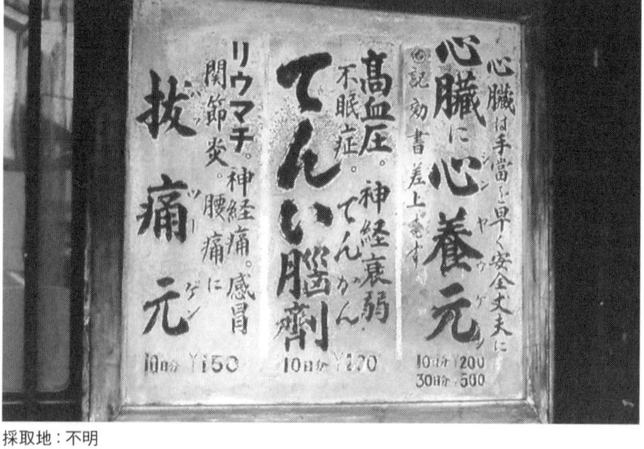

採取地：不明

【下】看板中央の「てんい脳剤」。どんな薬なのかわからないが、旧字体で書かれた「脳剤」の文字はかなり物々しい。「抜痛元（バッツーゲン）」は麻雀の役のよう。

採取地：奈良市

採取地：神奈川県横浜市鶴見区

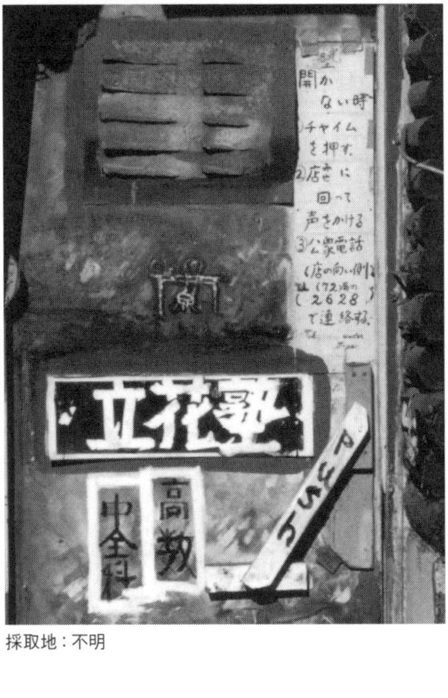

採取地：不明

採取地：不明

採取地：群馬県甘楽郡下仁田町

採取地：大阪市平野区

採取地：北海道函館市

採取地：不明

採取地：東京都台東区鳥越界隈

採取地：大阪市

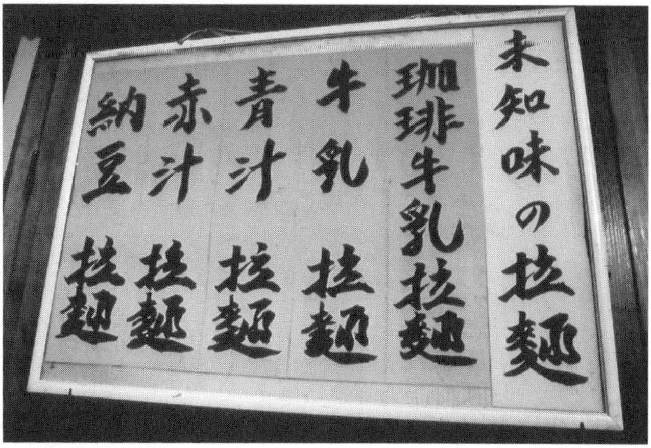

採取地：東京都荒川区

採取地：東京都立川市

どちらのページもおいしそうなメニューが並ぶなか、左ページ中段の「未知味の拉麺」は異色。コーヒー牛乳、牛乳、青汁ときて、赤汁に納豆。何一つ、味の想像がつかない。

採取地：東京都目黒区

安さなど、アピールポイントを詰め込んだ自動販売機のポップ。60円のココアはタイムサービスらしい。自販機でのタイムサービスは、ここで見たのが初めて。

ハンバーガー
ホッカホッカ
どん兵衛
ほっかほっか
カップフード
ホッカホッカ
コーヒコーナ
みんな
ホッカホッカ
コイン・ランド
自由にどうぞ!
採取地：不明

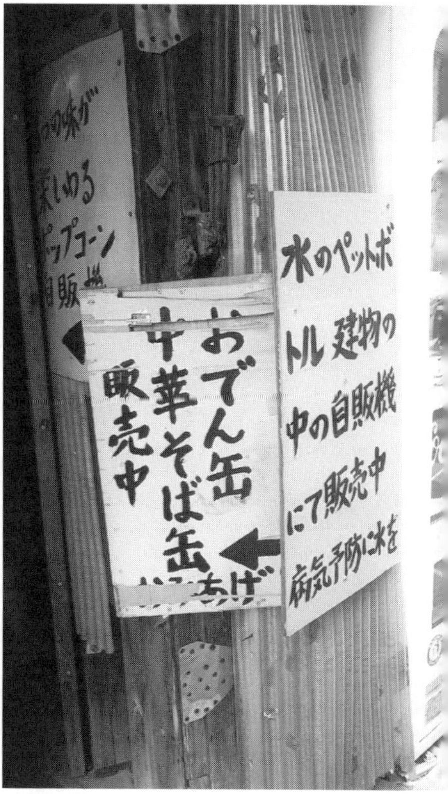
おでん缶
中華そば缶
販売中
水のペットボトル 建物の中の自販機にて販売中
病気予防に水を
採取地：不明

採取地：不明

採取地：不明

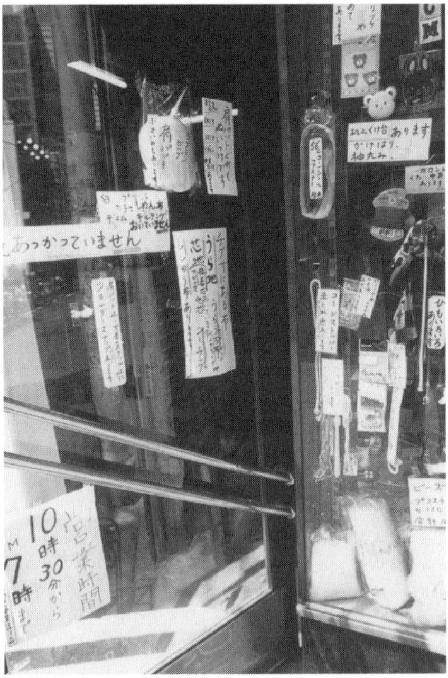

採取地：不明

採取地：奈良市

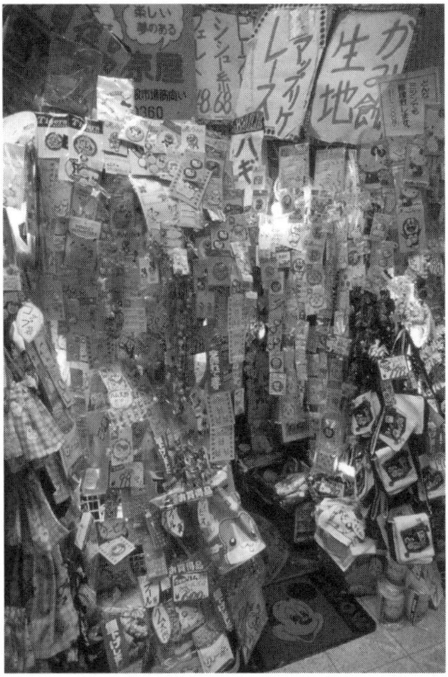

採取地：大阪市生野区

採取地：東京都練馬区

採取地：京都市中京区

採取地：京都市

採取地：京都市上京区

介護保険は人間の尊厳を守れるものに
憲法でくらしと権利を守る
国民福祉税と名前をかえてゴマカシの消費税の増税は許さない
いまこそ国民のくらし支える政治を
日本共産党
くらしと、平和を、守るために！
戦争に道ひらく有事法制を阻止しましょう！
小泉内閣四月十六日は有事法制案を閣議決定しました。それは
(1)武力攻撃事態法案
(2)自衛隊法改正案
(3)安全会議設置法改正案
です。この法案は戦争をしない平和な国づくりをめざして歩みつづけてきた憲法九条を破りすてる戦争国家法案というものです。
戦争国家法案はアメリカのひきおこす無法な戦争に日本国民を総動員する恐れがあります。
みなさん
平和で民主的な日本にするために危険な有事法案を阻止のためみんなで力をあわせましょう。
神生連　西区生活と健康を守る会

採取地：大阪市西区

600
カメラ1000
ラムネ100エン
フィルム
24枚600エン 36枚800エン
冷い飲物
ラムネ100えん
マメ50
ラムネ100エン
つかいすて
カメラ1000
高知名物
アイスクリン
ソーダ
マッチャ
チョコ
色
チョコ
ソーダ
五色
マッチャ
ハトのマメ50えん
ラムネ100

採取地：愛媛県松山市（松山城）

採取地：不明

ギャンブル系の情報紙を扱う店。最近では、コンビニのマルチコピー機で競輪専門紙がプリントできるサービスもあるというから、こういう店はなくなる一方だろう。

採取地：京都市東山区（南座）

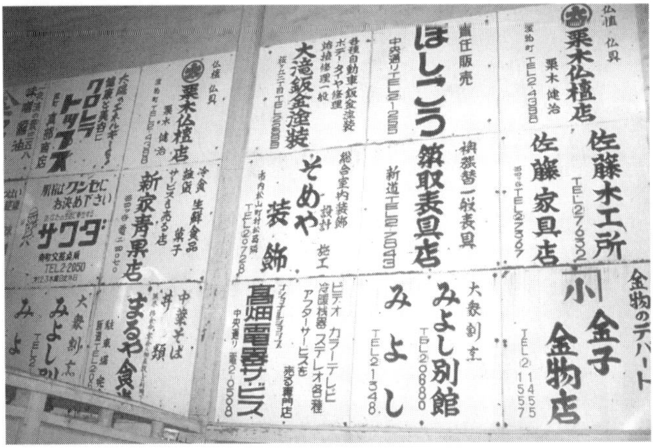

採取地：不明

採取地：京都市下京区

その8 注意忠告看板

注目！　いまから大事なこと言います

採取地：不明

その8

注目！　いまから大事なこと言います

注意忠告看板

注意を促す看板は、目的が目的だけに、赤と黒を駆使したインパクトのあるものばかり。文面も、「その筋」「国の恥」「罰」なんてフレーズが盛り込まれた、コワモテのものが、けっこうあります。

一方で、注意を喚起したい気持ちが前に出すぎて面白フレーズになってしまったもの、角が立たないよう言い方に気を配っているものもあり、なかなか人間味あふれる看板が集まっています。

注意
他人のハキモノ
に手をふれ
ないで下さいよ
1 2 3 4 5
6 7 8 9 10
11 12 13 14 15
16 17 18 19 20
21 22 23 24 25
26 27 28 29 30
31 32 33 34 35
採取地：不明

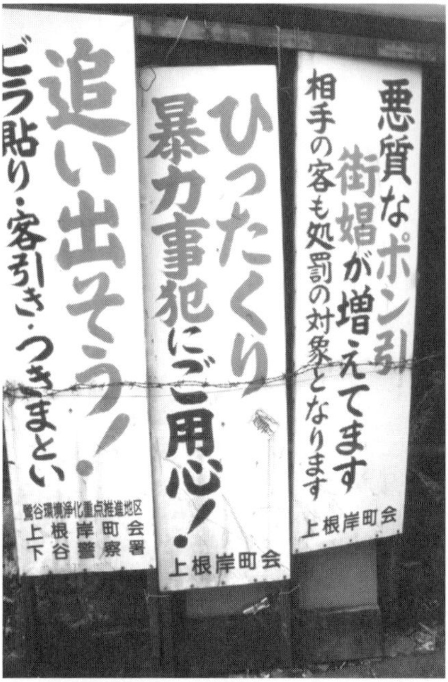
悪質なポン引
街娼が増えてます
相手の客も処罰の対象となります
上根岸町会
ひったくり
暴力事犯にご用心！
上根岸町会
追い出そう！
ラ貼り・客引き・つきまとい
鶯谷環境浄化重点推進地区
上根岸町会
下谷警察署
採取地：東京都荒川区日暮里界隈

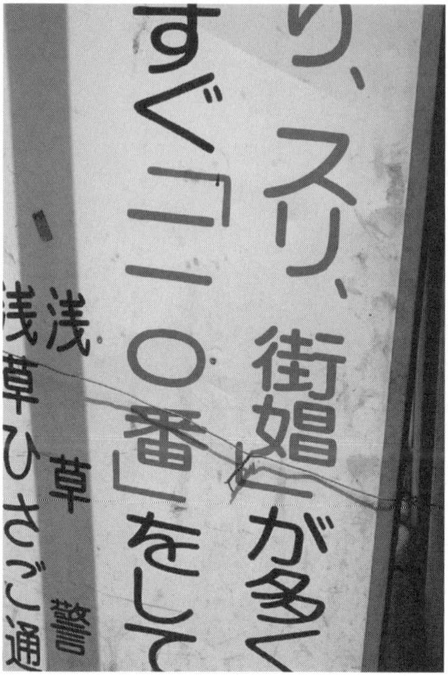
り、スリ、街娼が多く
すぐ「一一〇番」をして
浅草警
浅草ひさご通
採取地：東京都台東区浅草界隈

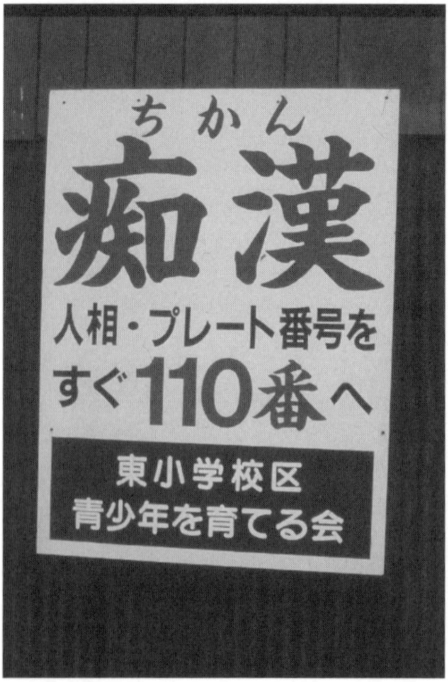
痴漢《ちかん》
人相・プレート番号を
すぐ110番へ
東小学校区
青少年を育てる会
採取地：不明

「街娼」の文字が出てくる上の２枚の写真。「スリ」「ポン引」「つきまとい」など、穏やかじゃない。右は吉原の近所、左は鶯谷のホテル街にほど近い場所で撮影。

郵便はがき

料金受取人払郵便

新宿局承認

399

差出有効期間
2021年4月
1日まで

(上記期日までは
切手を貼らずに
ご投函下さい。)

160-8790

323

東京都新宿区西新宿7-4-3
升本ビル 7階

東海教育研究所
愛読者係行

アンケート　この本をなにによってお知りになりましたか。

1. 広告をみて(　　　　　　　　　　)

2. 書評をみて(　　　　　　　　　　)

3. ダイレクトメールで　4. 図書目録をみて　5. ホームページをみて

6. 店頭で　7. 人にすすめられて　8. テキスト　9. その他

(URL) http://www.tokaiedu.co.jp/bosei/
TEL.03-3227-3700　FAX.03-3227-3701

望星メールマガジン(無料)配信を　□ 希望する　□ 希望しない

新刊案内等(無料)の送付を　□ 希望する　□ 希望しない

おそれいりますがお買い上げの書名と書店名をお書き入れください。

書　名　　　　　　　　　　　　　　　　**書店名**

ご購読ありがとうございました。本書に関するご感想、今後の刊行物についてのご希望などをお寄せください。なおご記入いただいた個人情報は、書類の発送、ご案内以外には使用いたしません。

住　所　□□□-□□□□　　　☎

フリガナ
名　前　　　　　　　　　　　(　　　)才

職 業

Eメールアドレス

月刊「望星」の定期購読(年間 7,200円)を　　　　月号から申し込みます。

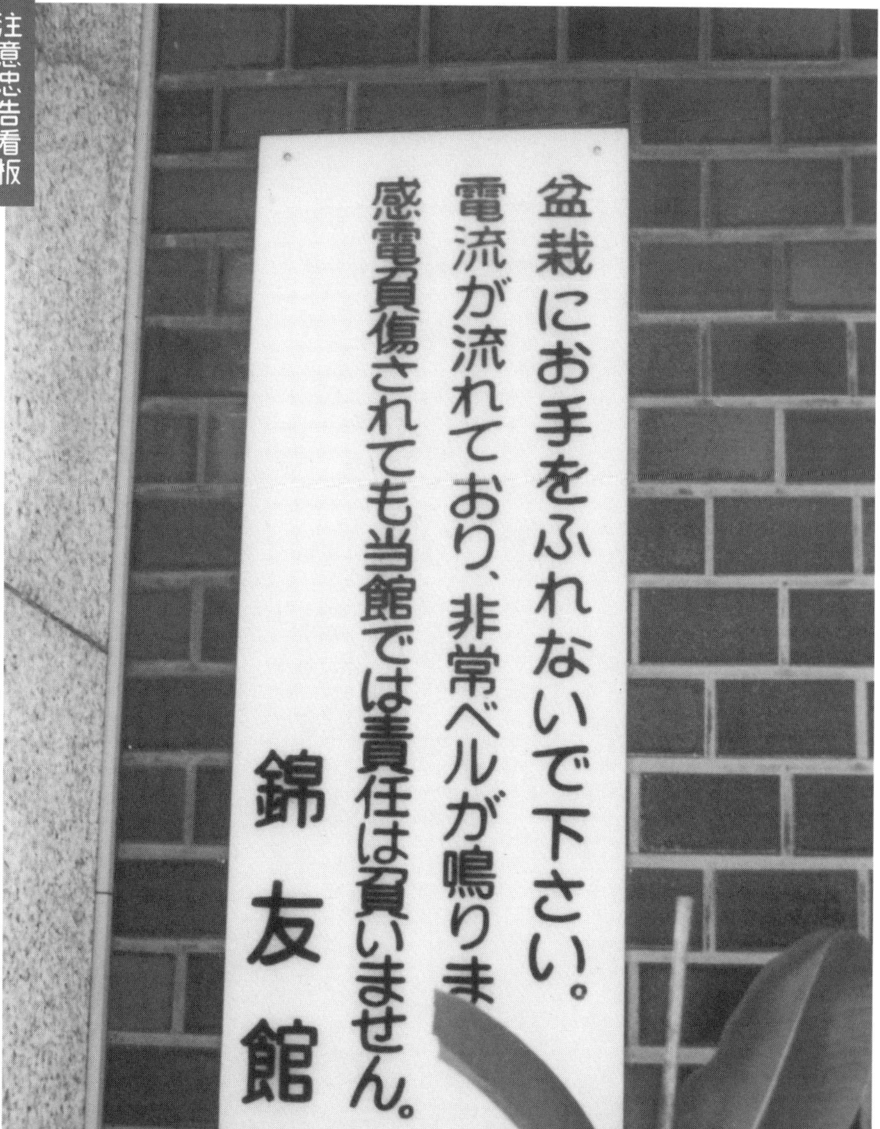
盆栽にお手をふれないで下さい。
電流が流れており、非常ベルが鳴りま
感電負傷されても当館では責任は負いません。
錦友館

採取地：東京都千代田区神田界隈

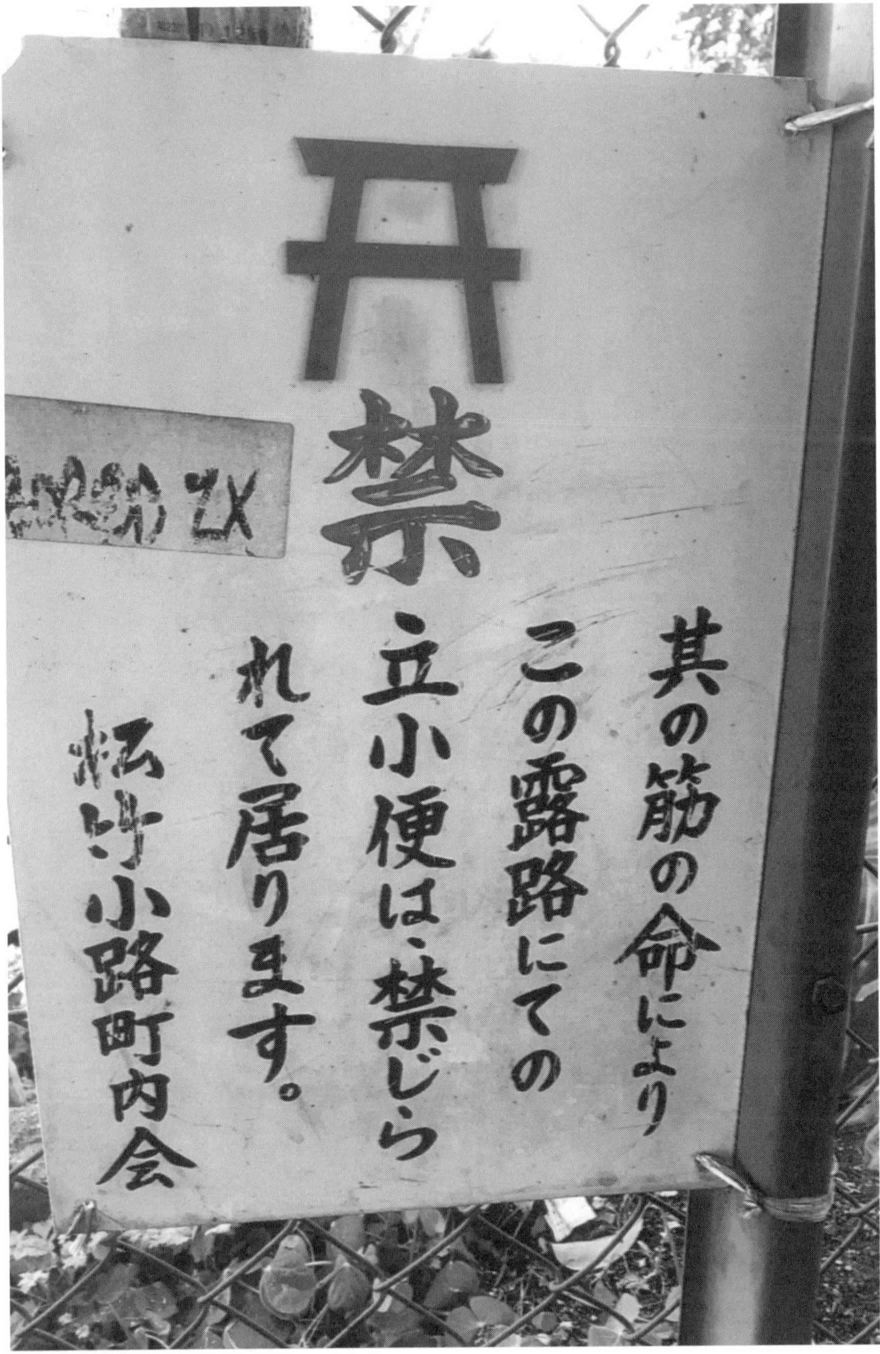
禁
其の筋の命により
この露路にての
立小便は、禁じら
れて居ります。
松竹小路町内会
採取地：兵庫県神戸市兵庫区新開地界隈

採取地：不明

採取地：不明

立小便を禁じる鳥居のマークは、撮影地によって微妙に違うのが面白い。【右】「大小便お断り」と書くあたり、なかには大をする不逞の輩もいるのだろうか？

マムシ注意！
マムシは毒ヘビです。じめじめしている所にいます。
足もとが草で見えないような所では、よく注意してください。
もし見つけたら、おどろかしたり、いじめたりしないで、そっとその場をはなれましょう。
万が一かまれたら、あわてないで、すぐ病院へ！
三角形のアタマ
急に細くなる
・全体的に太くて短かい。
・うす茶色の地に、こげ茶色のぜに形もよう。
・目がこわい。
・「とぐろ」を巻いていて、とびかか ことも ある！
千住本町五町会
連合大運動会

採取地：東京都足立区

注意
マムシに
注意

採取地：栃木県宇都宮市

【上】東京23区内にもマムシが出るとは驚き。絵がけっこうリアル。
【下】「注意」を2回も書いているのは、注意の上にも注意を重ねろという意味か。絵がヘナヘナ。

採取地：大阪市平野区

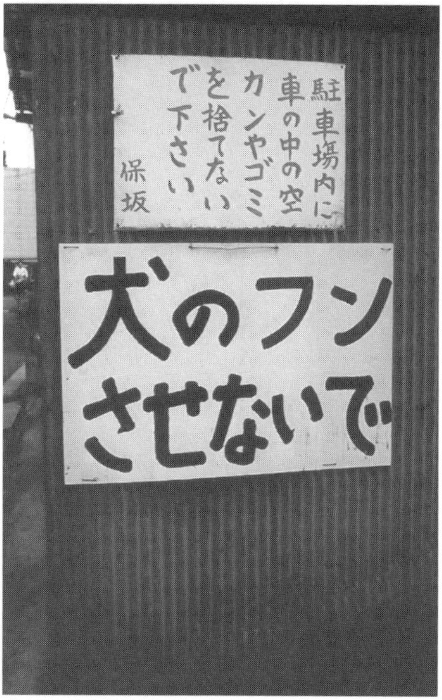

採取地：北海道夕張市

採取地：不明

手描きされた「とまれ」の標示。後ろには家があり、その家の子供が道路に飛び出すのを防ぐためのものらしい。親が書いてくれたのなら、子供も喜んで止まりそうだ。

採取地：不明

採取地：不明

採取地：不明

下記の行為をする者
が誰であるかを通報
して下さった方には
薄謝を差上げます
1.駐車場の境界さく等を故
意にこわす者.
2.駐車場内にゴミ等を投げ
すてる者.
TEL 723-6940
採取地：不明

一時預り歓迎
外車お断り
採取地：不明

【上】薄謝を出すに至ったのは、おそらく被害が何度か繰り返されたからだろう。
【下】「歓迎」と「お断り」の落差がすごい。外車はなぜダメ？

牛馬諸車
最く手
堅く御断り

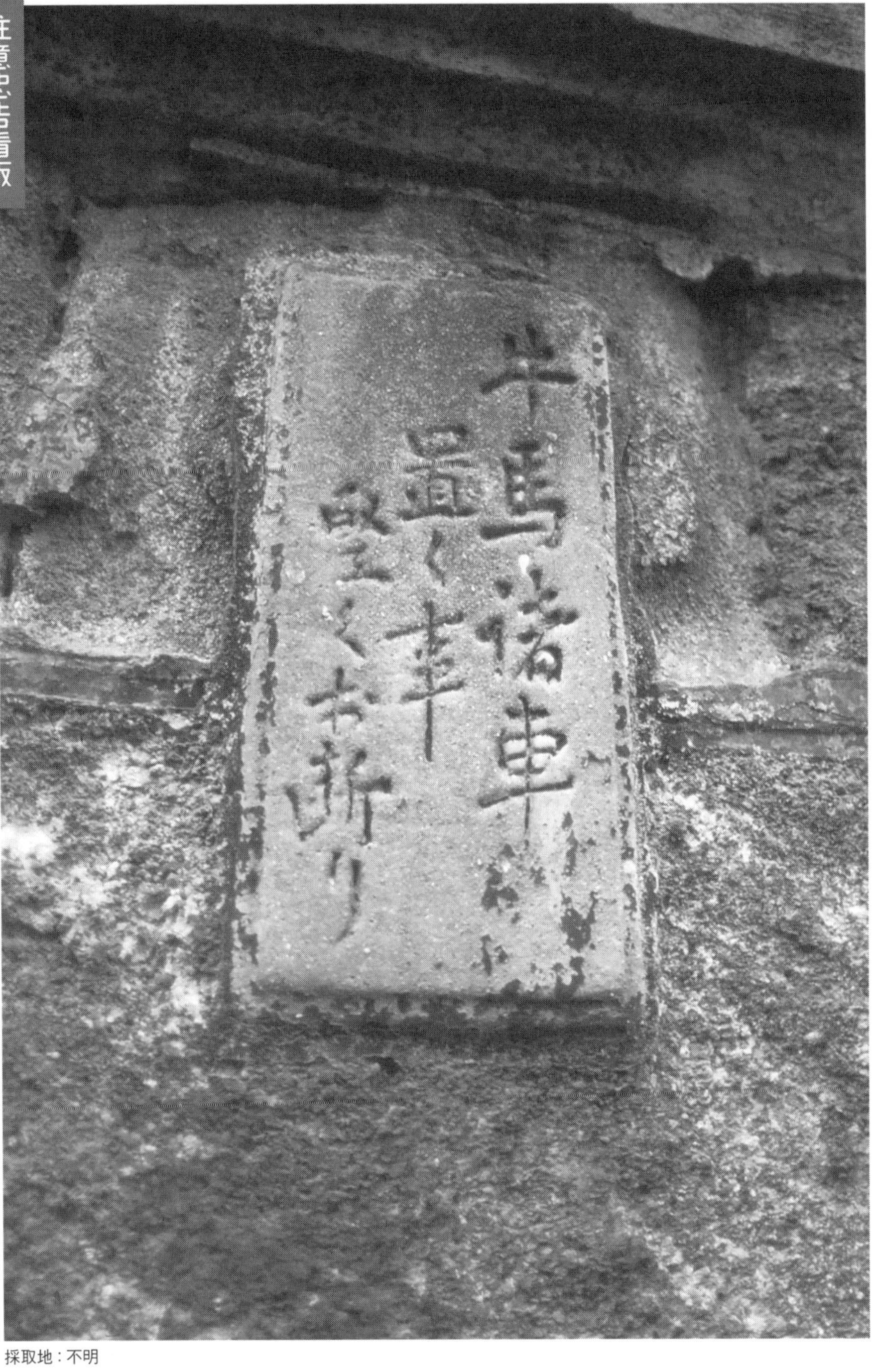

採取地：不明

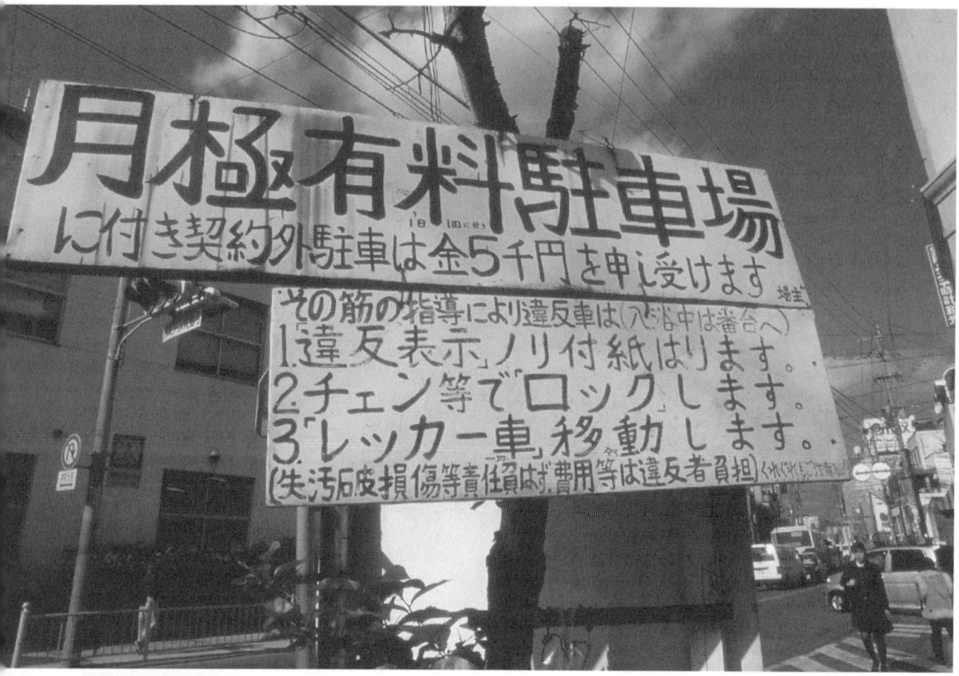

採取地：福岡県直方市

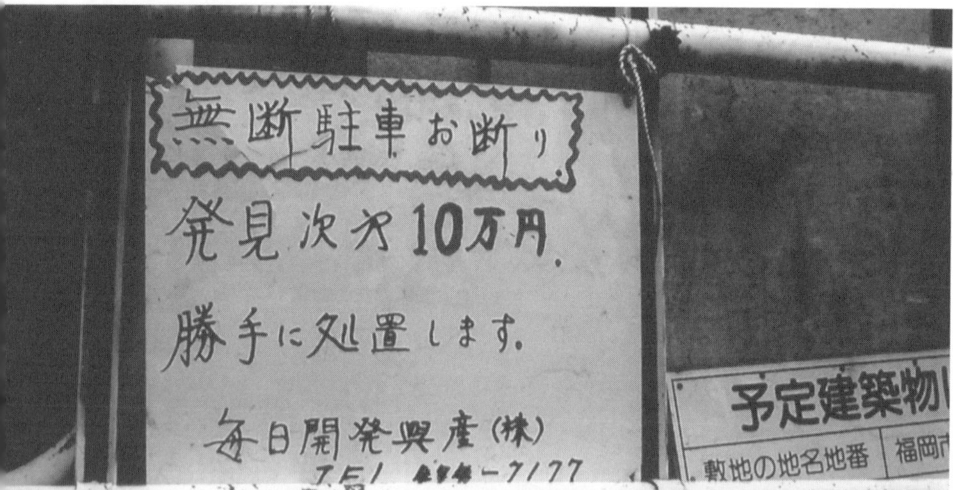

採取地：福岡市

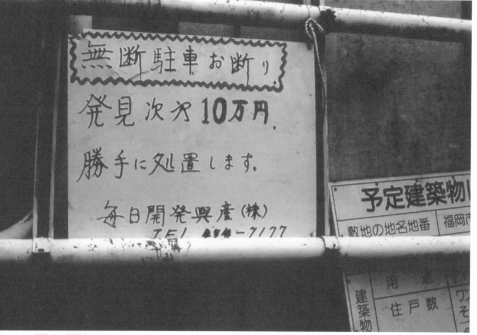

採取地：熊本県天草市

たばこの
ポイ捨ては
やめましょう！
東山消防署
清水消防分団
たば

採取地：京都市東山区

牛若丸がタバコをひらりと一刀両断するポイ捨て禁止の看板。京都らしい味わいがある。牛若丸のほかに、弁慶など、別のキャラが登場するパターンも。

採取地：不明

採取地：東京都目黒区

採取地：東京都目黒区

採取地：東京都目黒区

採取地：東京都大田区

採取地：大阪市

【上】防火も防災も防犯も、3つまとめてどんと来い！
【中】「！」の位置がおかしくないか？
【下】五七五でまとめてみました。

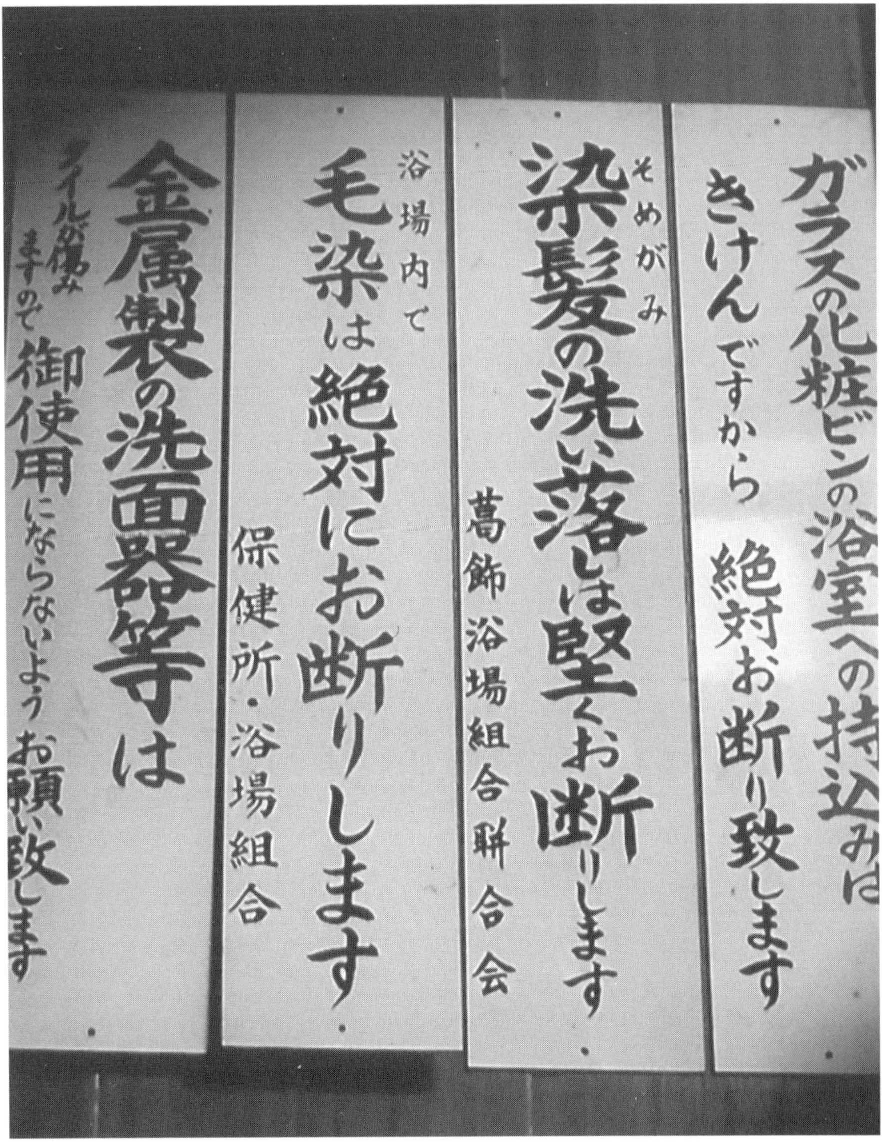
ガラスの化粧ビンの浴室への持込みは
きけんですから 絶対お断り致します
染髪《そめがみ》の洗い落しは堅くお断りします
葛飾浴場組合聯合会
浴場内で
毛染は絶対にお断りします
保健所・浴場組合
金屬製の洗面器等は
タイルが傷みますので 御使用にならないようお願い致します

採取地：東京都葛飾区

採取地：東京都江戸川区

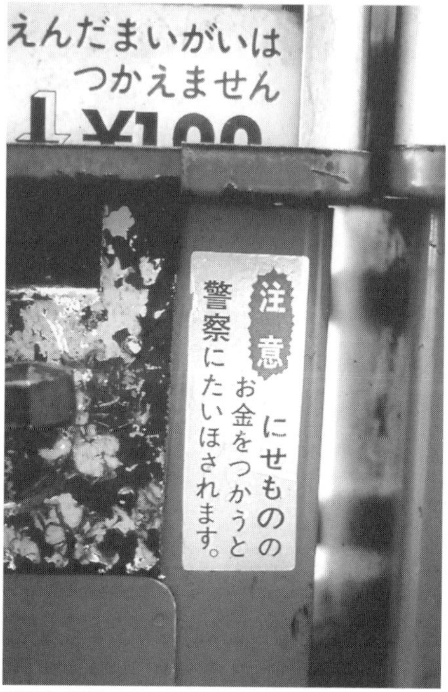

採取地：不明

右ページの看板の影響を受けた子供たちは、健やかに育ってほしい。そして、左ページの看板に書かれた内容を率先して行なえる立派な大人になってほしい。

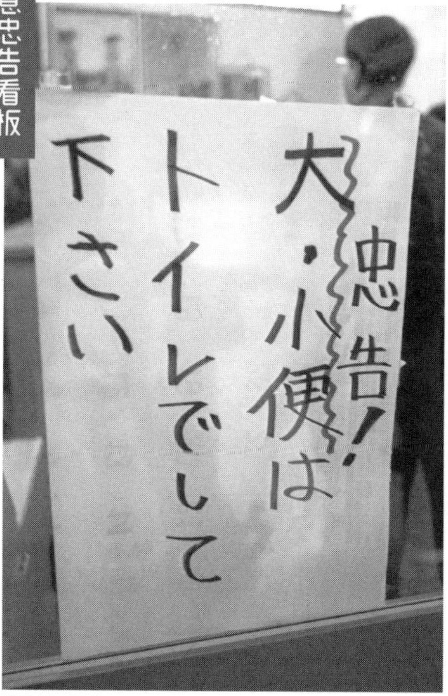
忠告！
大・小便は
トイレでして
下さい

採取地：不明

ドロボーを
防ぐ人の目
地域の目
戸越六丁目
町会防犯部

採取地：東京都品川区

採取地：東京都台東区

採取地：埼玉県所沢市

採取地：東京都新宿区

採取地：東京都墨田区　2008年頃

無断
許可な
家宅
を禁
たる者は
で訴えます。
家主

工事中の建物の壁の中に「無断侵入を禁ず」の文字が。周囲には窓も扉もなく、こうしてセメントで塗り固められていたから、侵入はどうやっても無理そうだ。

採取地：不明

消えつつある街の記憶

その9 風俗遺産看板

採取地：東京都台東区花川戸界隈

その9

風俗遺産看板

消えつつある街の記憶

最後は、「ちょっと前までは、近所の商店街にあったのに……」というような、昭和のにおい漂う看板をそろえました。時代とともに、消えゆくを余儀なくされた看板たちともいえるでしょう。

　これまで見てきた看板すべてが風俗遺産といえるのかもしれませんが、ここに集めた看板は、日本人の生活がいかに変化したかを、特によく表しているのではないでしょうか。

金物屋や小間物屋が何を売る店なのか、近ごろの子供にはわからないかもしれない。小間物屋は女性の身の回り品や日用品、金物屋は鍋など金属製品を主に扱う店です。

採取地：東京都大田区蒲田界隈

採取地：東京都台東区浅草界隈

採取地：不明

採取地：東京都渋谷区

採取地：不明

採取地：群馬県館林市

採取地：福岡県大牟田市

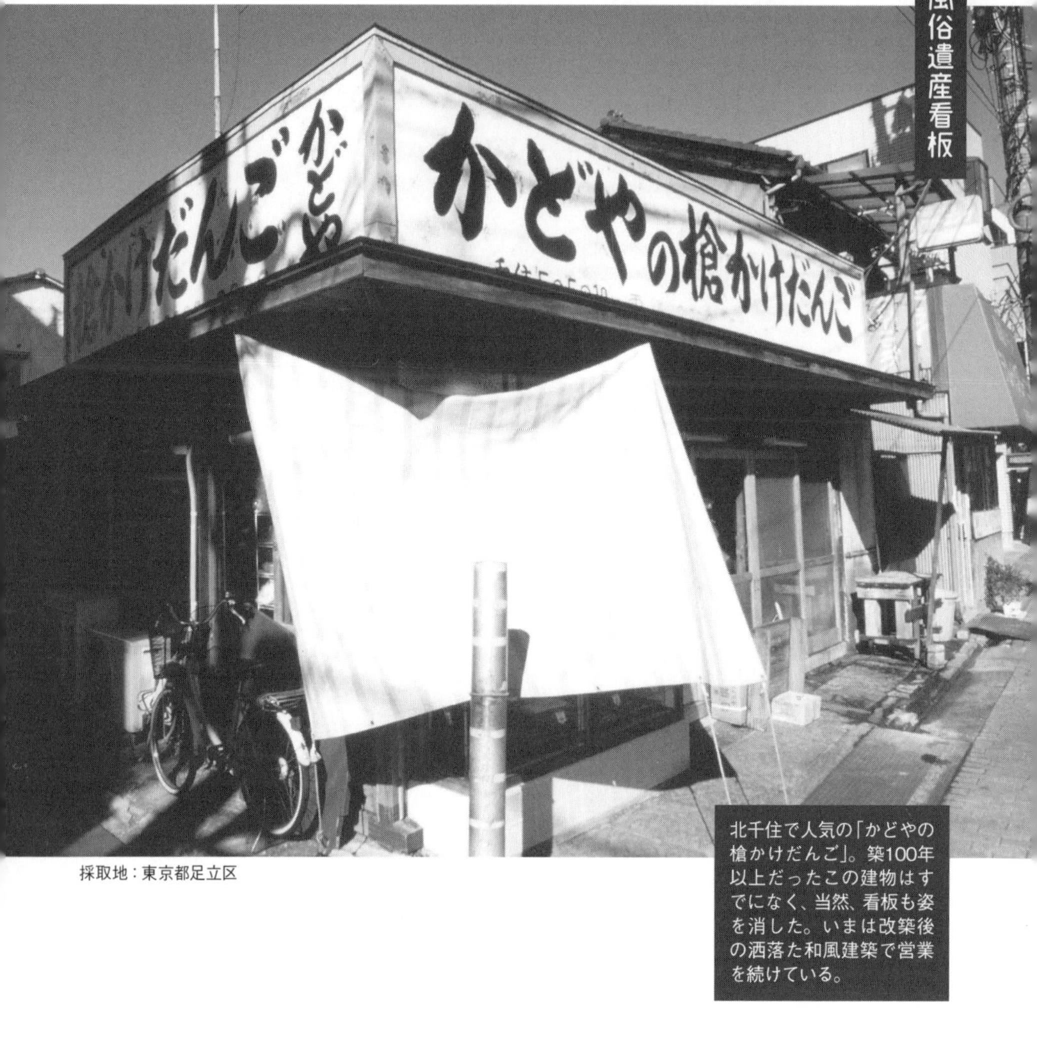

採取地：東京都足立区

北千住で人気の「かどやの槍かけだんご」。築100年以上だったこの建物はすでになく、当然、看板も姿を消した。いまは改築後の洒落た和風建築で営業を続けている。

採取地：奈良県大和郡山市

採取地：福岡県北九州市門司区門司港界隈

採取地：埼玉県川口市

採取地：東京都足立区北千住界隈

採取地：不明

採取地：不明

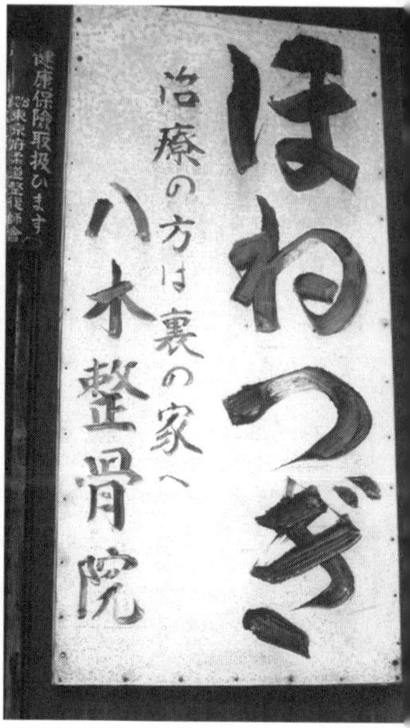

採取地：東京都墨田区

ほねつぎは減っているかと思いきや、最近はチェーン展開する企業もあるようで、需要はまだまだあるのかも。ちなみに施術には、柔道整復師という国家資格が必要。

採取地：東京都渋谷区

採取地：奈良市（通称「ならまち」界隈）

採取地：東京都台東区（おかず横町）

採取地：大阪市中央区谷町界隈

採取地：不明

採取地：岡山県津山市

採取地：神奈川県横須賀市

採取地：東京都文京区根津界隈

採取地：東京都文京区（東大裏界隈）

採取地：東京都渋谷区

高畑鳥獣店は、いまはもうない。ペットショップという言葉は似合わない店。店先には常に鳥籠がずらっと並んでいたが、「獣」で何がいたのかはわからない。

採取地：東京都台東区

採取地：京都市下京区

採取地：大阪市生野区

掲示板
上東町会
11月 定例会のお知らせ
11月 9日（日曜日）
資源回収
11月9日(日)
〈時間〉午前8時より
〜回収品目〜
新聞紙・段ボール・雑誌
アルミ缶・ビールびん
上東子供会　上東婦人部
第36回　萩中祭
平成26年11月23日(日)
守ろうよ
わたしの
好きな
街だから
全国地域安全運動
10月11日(土)〜10月20日(月)

採取地：不明

採取地：東京都文京区根津界隈

採取地：不明

採取地：不明

以前のバス停には、赤地に黄色の文字で「桐タンス」と書かれたベンチがよく置かれていた。背もたれが広告になっているベンチは、ほかにもいくつか種類があった。

採取地：北海道札幌市

採取地：北海道帯広市

採取地：東京都新宿区早稲田界隈

採取地：不明

採取地：東京都新宿区

採取地：沖縄県那覇市

採取地：山口県下関市

採取地：沖縄県那覇市

市場の入り口や娯楽施設、居酒屋や小料理屋が立ち並ぶ小道など、人が集まるところには必ず看板がある。左ページの三原小路の看板は、建て替わってしまって、いまはもうない。

採取地：東京都中央区銀座界隈

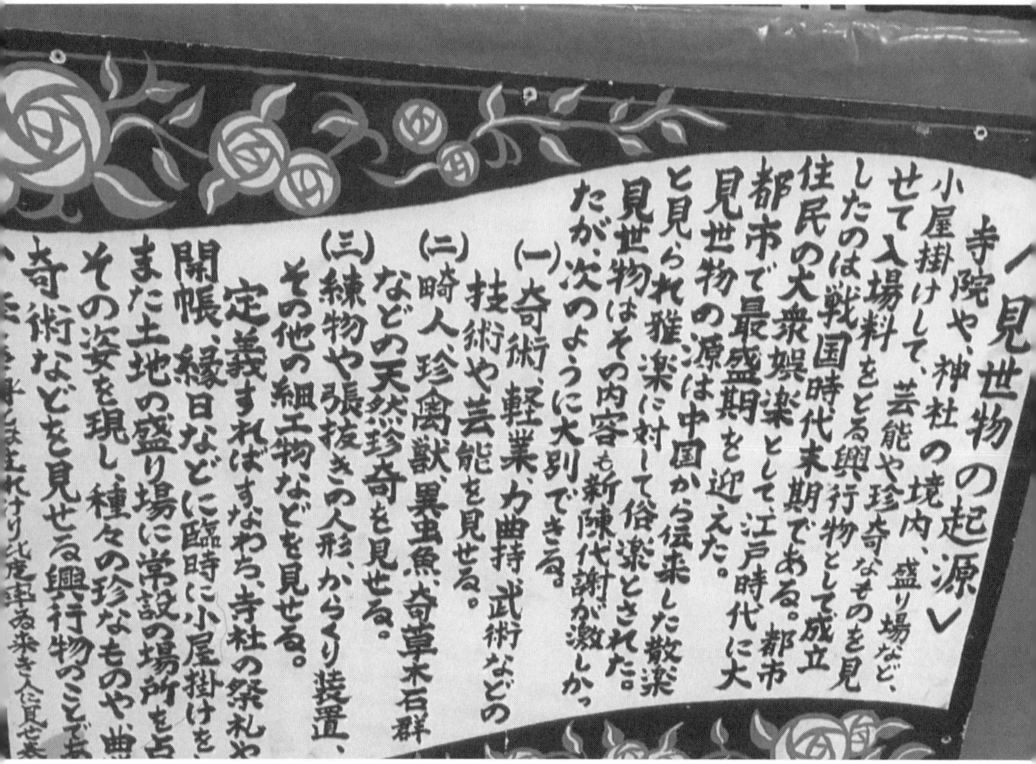
見世物の起源
寺院や、神社の境内、盛り場など、
小屋掛けして、芸能や珍奇なものを見
せて入場料をとる興行物として成立
したのは戦国時代末期である。都市
住民の大衆娯楽として江戸時代に大
都市で最盛期を迎えた。
見世物の源は中国から伝来した散楽
と見られ雅楽に対して俗楽とされた。
見世物はその内容も新陳代謝が激しかっ
たが、次のように大別できる。
(一)奇術、軽業、力曲持、武術などの
技術や芸能を見せる。
(二)畸人、珍禽獣、異虫魚、奇草木石群
などの天然珍奇を見せる。
(三)練物や張抜きの人形、からくり装置、
その他の細工物などを見せる。
定義すればすなわち、寺社の祭礼や
開帳、縁日などに臨時に小屋掛けを、
また土地の盛り場に常設の場所を占
その姿を現し、種々の珍なものや、曲
奇術などを見せる興行物のことで

採取地：東京都新宿区（花園神社）

特別出演
入場
大人
小人

採取地：東京都新宿区（花園神社）

大かみ娘

採取地：東京都新宿区（花園神社）

採取地：東京都目黒区（碑文谷八幡宮）

昔は縁日となると、お化け屋敷や見世物の小屋が建ったものだ。新宿の花園神社では、現在も毎年11月の酉の市になると、昭和の匂いのする見世物小屋が出る。

採取地：東京都台東区浅草界隈

採取地：東京都渋谷区（渋谷東宝）

採取地：埼玉県熊谷市（富士映画館）

採取地：大阪市浪速区（新世界東映）

採取地：埼玉県秩父市

ちょっとした盛り場に必ずといっていいほどビリヤード場があったのは、平成になる前くらいまでだろうか。「撞球場」「タマツキ」など、それぞれの呼び方に風情がある。

採取地：大阪市

採取地：群馬県甘楽郡下仁田町

天然
東映スコープ
べらんめぇ探偵娘
飛び出す唄と名推理
ひばりの名探偵！
美空ひばり
木村功
小野透
監督 佐伯清
親か仁義か女をとろか!!
親の涙も見ないふり……
昭和残侠伝
唐獅子仁義
高倉健
池部良
監督 マキノ雅弘
東映作品

採取地：不明

懐しの
映画は
名画館へ
SUNTORY
3

採取地：大阪市浪速区

かつては娯楽の花形だった映画も、いまでは数ある娯楽の1つにすぎない。タバコの煙がもうもうと漂う昭和30年代の映画館が再び姿を現すことは、永遠にないだろう。

その9 風俗遺産看板

連日オールナイト
ハンフリー・ボガート
イングリット・バーグマン
ポール・ヘンリード
カサブランカ
クロード・レインズ
ピーター・ローレ
シドニー・グリーンストリート
マイケル・カーチス監督

採取地：京都市

【著者プロフィール】

町田 忍（まちだ・しのぶ）

1950年東京都目黒区生まれ。庶民文化研究家にして、銭湯研究の第一人者。37年以上かけてめぐった銭湯は約3500ヵ所にものぼる。エッセイスト、テレビ・ラジオのコメンテーター、写真家といった顔も持つ。和光大学人文学部芸術学科卒業後、警視庁麹町警察署勤務などを経て、少年時代より収集し続けている普段見落とされがちな商品や各種パッケージなどの風俗意匠を研究するために「庶民文化研究所」を設立。『戦後新聞広告図鑑』（小社刊）、『東京マニアック博物館　おもしろ珍ミュージアム案内』（メイツ出版）、『最後の銭湯絵師』（草隆社）など、著作多数。庶民文化研究所所長。社団法人日本銭湯文化協会理事。トヨタ運営「メガウェブ」（江東区青海）内の「ヒストリーガレージ・TOKYO 1960's」の監修者。台場一丁目商店街（デックス東京ビーチ）特別顧問。

町田忍の手描き看板百景

—美あり珍あり昭和あり—

2020年2月27日　第1刷発行

著　者――――町田　忍

発行者――――原田邦彦

発行所――――東海教育研究所

〒160-0023 東京都新宿区西新宿7-4-3 升本ビル

電話 03-3227-3700　FAX 03-3227-3701

eigyo@tokaiedu.co.jp

印刷・製本――――株式会社平河工業社

装丁組版――――鹿嶋貴彦

ISBN978-4-924523-05-0　C0036